JM007106

これからの病院経営を担う人材

医療経営士テキスト

第2版

組織管理／組織改革

改革こそが経営だ！

中 級【一般講座】

冨田健司

5

日本医療企画

はじめに

　私は病院の理事長や事務長と話をする機会が多く、「病院は特殊ですから」と言われることがある。私は経営学者であり、経営学のさまざまな理論や企業の事例を医療従事者に説明し、病院にも当てはまるのではないかと思っている。しかし、理事長や事務長など実際にマネジメントに携わっている方々は、病院の特殊性を主張し、一般的な経営学の理論が当てはまらないと考えているようだ。

　確かに、一般的な企業と比較すると経営上の特殊性は強いように思われる。とはいえ、「うちの業界は特殊ですから」といった声は、銀行や製薬、建設など、さまざまな業界の人たちから聞く。そうした人たちから話を聞いて、第三者の視点から考えてみると、確かに異なる部分はあるものの、経営の本質的な部分は共通している。同様に、医療機関においても経営学の理論の多くが当てはまるはずである。それでも、「やっぱり、うちの病院では当てはまりません」と答える医療機関が存在する。果たして、そうした病院は経営がうまく行われているのだろうか。

　学問における経営学は経営戦略論と経営組織論とに分かれるが、本書は医療機関の経営組織論に焦点を当てる。20世紀初頭に欧米において発展した経営組織論は、企業が従業員をいかに管理するかといったことに目が向けられていた。工場などで働く労働者は監督者の目を盗んでサボるため、監督者はしっかり管理しないといけないことが前提となっている。それから企業組織が多様化し、労働者も多様化した。監督者がしっかり管理しなくとも、向上心、目標、仕事へのやりがいを持ち、真面目に働く労働者が増え、適切なタイミングでより高いチャンスを与えてやれば、従業員がより高い成果をあげ、組織として成長することができることがわかってきた。自己啓発、モチベーション、権限移譲など組織マネジメントが考える課題は多岐にわたる。

　医療機関においては、高い志を持つ医療従事者が多いのではないだろうか。そうした医療従事者にいかに成長してもらうか、能力を高めてもらうかを考えることが、医療機関にとっては重要である。そのため、本書では、医療従事者個人の能力向上に目を向けるのはもちろんのこと、医療組織の能力向上にも目を向けていきたい。

　なお、本書ではできるだけ「医療機関」と記述するが、文章の流れによっては「病院」と記述する箇所もあることを断っておきたい。

冨田　健司

目 次
contents

第1章

医療機関の環境
──組織マネジメントの必要性

1 医療機関の組織をマネジメントする
2 医療機関を取り巻く環境

1 医療機関の組織をマネジメントする

1 なぜマネジメントが必要なのか

　企業の経営に目を向けると、より魅力的な製品を開発したり、よりよいサービスを提供するために、企業組織内をマネジメントする必要があり、個人経営以外の大半の企業が何らかの組織マネジメントを実践している。同業他社だけでなく他業種との競争が激しくなっている近年においてはなおさらであり、組織マネジメントは企業の存続と成長のために必須である。

　医療業界に目を向けてみても、医療機関を取り巻く環境は年々厳しさを増しており、各医療機関とも存続と成長を実現するために、さまざまな経営努力を行っている。過疎地においては医療サービスの衰退、いわゆる地域医療の崩壊が叫ばれており、都市部では診療科によって医療サービスが供給過剰になっているところもある。

　保険医療サービスは、診療報酬によって保険点数(医療の価格)が決まっており、他の業界のように高価格商品を販売することができない。その反面、患者に対してよりよい医療サービスを提供するほどコストがかかってしまう。つまり、医療の質を高めて、患者の満足を高めようとすればするほど、医療機関の収支は悪化してしまう矛盾が生じる。そのため、医療業界では他業界以上に、効果と効率を意識した病院組織のマネジメントが重要になっている。

2 組織力と職務満足を高める

　経営学の考え方に基づくと、企業の経営には戦略と組織の問題がある。戦略とは外部環境を考えることであり、組織とは内部環境を考えることである。医療機関の場合、外部環境においては患者、近隣の医療機関、製薬メーカー、医療機器メーカーといった医療機関外部のさまざまな存在、厚生労働省などの行政機関が考慮の対象となる。一方、内部環境においては病院組織内の医師や看護師などの医療スタッフ、事務職員などが考慮の対象となる。

　経営学の大家であるアルフレッド・チャンドラーは著書『Strategy and Structure(1962年)』において、「組織は戦略に従う」という命題を示しており[*1]、別の大家であるイゴール・

アンゾフは著書『Strategic Management（1979年）』において、「戦略は組織に従う」という命題を示している＊2。戦略も組織もどちらも重要であり、それは医療機関の経営においても同様であるが、本書では組織に着目していく。アンゾフによれば、経営には組織学習と組織能力の向上が不可欠であるため、本書でも医療機関における組織学習と組織能力について言及したい。

　先進的な医療機関を中心に存続と成長を意図した経営への関心は高く、その具体的手段として高度な医療の提供と患者満足の向上が挙げられる。しかし、その実現のためには組織内がしっかり整備されていることが大前提である。医療機関を対象とした学術的な先行研究において、患者満足に関する研究はある程度蓄積されているものの、医療機関の組織マネジメントに関する研究は相対的に少ない。近年、都市部に医療従事者が集中しており、地方では人材確保に困っている医療機関も存在するが、こうした社会的背景において、いかに地域の医療機関が組織を整備し、職員の満足度を高めるかは大変困難な課題である。

　本章ではまず、医療機関を取り巻く環境を施設数、組織、経営課題といった3つの視点から解説し、組織マネジメントの必要性を指摘したい。

＊1　Chandler, A.D Jr. (1962), Strategy and Structure : Chapters in the History of the Industrial Enterprise, Cambridge, MA : MIT Press（有賀裕子訳『組織は戦略に従う』ダイヤモンド社，2004年）.
＊2　Ansoff, H.I. (1979), Strategic Management, NY : Wiley（中村 元一訳『新装版 アンゾフ戦略経営論』中央経済社，2015年）.

医療機関を取り巻く環境

1　医療機関の分類

　患者など一般的な人たちは、何気なく「病院」という言葉を使っており、病院と診療所の違いを知らない人が大半である。本テキストの読者はご存知だろうが、なかには医療機関の仕事に関心を持ち始めた若い読者もいるかもしれない。そのため、病院と診療所の違いについて見ていこう。

　医療法では、20床以上の病床数を完備する施設を「病院」と定義し、20床未満の病床数の施設は「診療所」として区別される（**図表1-1**）。そのため、診療所の名称は「○○病院」ではなく、「○○医院」や「○○クリニック」という名称になっているところが多い。

　病院と診療所を総称するときに「医療機関」という用語が用いられるが、大病院と病床数がゼロの診療所を医療機関として同様に扱うのは限界がある。そのため、本テキストでは、医師や看護師などの医療従事者が数多く在職し、組織マネジメントをより必要とする病院を想定して解説するが、ときに無床診療所も取り上げていく。

　なお、法による区分はないものの、病床数が200床以上の病院を「大病院」として区分す

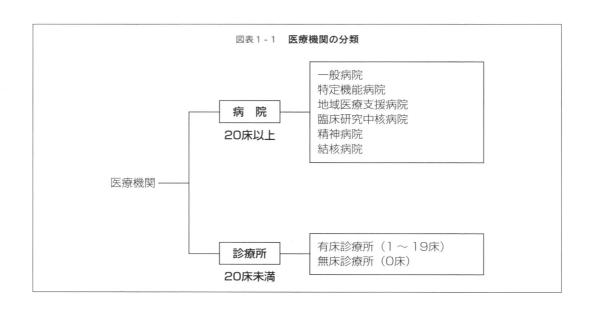

図表1-1　**医療機関の分類**

ることが多い。

　また、企業では、そこで働くスタッフは「従業員」だが、医療機関では「職員」という用語で呼称するのが一般的である。「職員」には事務職員だけでなく、医師、看護師など医療機関で働くすべてのスタッフが該当する。本テキストでも「職員」を用いるが、医療者を強調したいときには「医療スタッフ」と表現することとする。

2　診療所数と病院数

(1)診療所数

　厚生労働省「令和元(2019)年医療施設(動態)調査・病院報告の概況」によると、全国に診療所は10万2,616施設あり、そのうち有床は6,644施設(総数の6.5%)のみである[*3](図表1-2)。つまり、差し引きした9万5,972施設(同93.5%)は無床であるため、大半の診療所には入院施設がない。傾向として、診療所の数は増加しているが、その内訳を見ると、有床診療所の数が減少している一方、無床診療所の数は増加している。

　また、開設主体別にみると、医療法人は4万3,593施設(同42.5%)であり、個人の4万1,073施設(同40.6%)より多い。診療所に関しては、節税となることから、個人から医療法人化する施設も多い。

図表1-2　**医療機関施設数の推移**

年	診療所	病院
2011	99,824	8,760
2011	99,547	8,605
2012	100,152	8,565
2013	100,528	8,540
2014	100,461	8,493
2015	100,995	8,480
2016	101,529	8,442
2017	101,471	8,412
2018	102,105	8,372
2019	102,616	8,300
	(施設)	(施設)

出典：厚生労働省「令和元(2019)年医療施設(動態)調査・病院報告の概況」

---

*3　厚生労働省「令和元(2019)年医療施設(動態)調査・病院報告の概況」(https://www.mhlw.go.jp/toukei/saikin/hw/iryosd/19/)

▌(2)病院数

　病院は8,300施設である。開設主体別にみると、医療法人が5,720施設（総数の68.9％）と7割近くを占めており、国の322施設（同3.9％）や公的医療機関の1,202施設（同14.5％）より格段に多い。病院の総数は、内訳となる医療法人、国、公的医療機関のいずれも減少傾向にある。

　また、病床数別にみると、20床以上99床以下の病院が2,945施設（総数の35.5％）、100床以上199床以下が2,824施設（34.0％）、200床以上299床以下が1,068施設（12.9％）、300床以上399床以下が684施設（8.2％）、400床以上499床以下が378施設（4.6％）、そして500床以上ある病院は401施設（同4.8％）ある（図表1-3）。

　診療科に目を向けてみると、腎臓内科、糖尿病内科、乳腺外科といった科の数が増加する一方、外科、内科、小児科といった従来からある科の数が減少している。

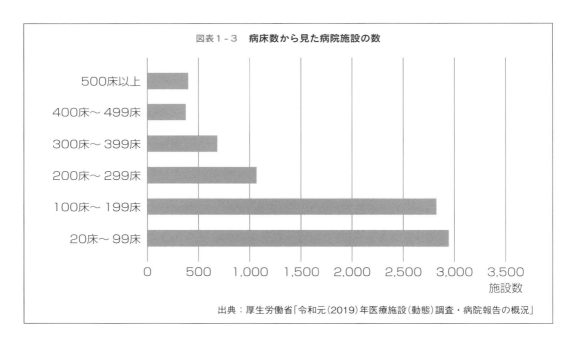

図表1-3　病床数から見た病院施設の数

出典：厚生労働省「令和元（2019）年医療施設（動態）調査・病院報告の概況」

３　医療機関の組織体系

▌(1)意思決定機関は理事会

　それでは、医療機関の組織はどうなっているのだろうか。企業では代表取締役やCEO（Chief Executive Officer：最高経営責任者）と呼ばれる社長が企業組織を司っているが、病院でも同様に経営トップがいる。さらに企業と同様に、組織は経営トップのもとでいく

つかの部署・部門に分かれている。

　医療法人において経営を管理する組織は理事会であり、業務や予算などを決定している。医療法の規定により、医療法人は3名以上の理事および1名以上の監事を置かなければならず、実際には10名前後の理事がいるところが多い。そのトップが「理事長」である。よって、この理事長が病院全体のトップであり、企業でいう社長である。

▌（2）理事長と院長の役割

　理事長の下には「院長」がおり、院長は医師でなければならない（「病院長」と呼ぶ医療機関もある）。ここで理事長と院長といった2人のトップが存在することになるが、主な違いは、理事長が医療機関の経営を統括する立場にあり、院長は医療（診療）を統括する立場にあることである。また、人事権においても、理事長は事務職員に対して、院長は医師や看護師などの医療スタッフに対して、といったように分担しているところもある。企業における会長と社長に会社法上の明確な違いは定められておらず、企業によってそれらの役割は異なるように、理事長と院長との役割も医療機関によって異なっている。

　そして、院長の下には診療部長、看護部長、事務長などが存在するが、これらの名称も医療機関によって異なっており、統一されていない。それぞれが専門職集団の部署・部門を束ねており、図表1-4のようになっている。

　特に大病院では、事務長が現場のマネジメントを行い、理事長はそれを監督する形態のところも多い。また、理事には医師だけでなく、事務長や看護部長が加わっていることも

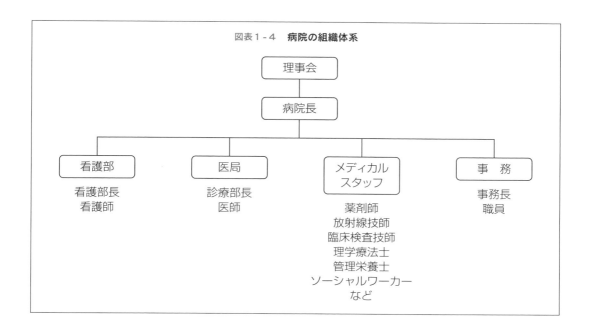

図表1-4　病院の組織体系

ある。なお、看護部長を副院長に登用して経営に参画させるなど、看護師の位置付けが相対的に高い医療機関も存在する。

ここでいうマネジメントとは、業務を遂行する実務的なマネジメントのことであり、経営的なマネジメントへの意識が低い医療機関もある。それにはさまざまな理由が存在する。1つは企業と異なり、営利目的でないため、利益の追求を最優先で考える必要がないからである。もう1つは医師や看護師など医療スタッフは専門職種であり、求められる業務や知識が異なるため、組織全体として統一感を感じることが難しいからである。医療スタッフにとって自らが所属する診療部やメディカルスタッフ部門を組織の単位として捉えることはできても、医療機関全体でのまとまりを考えることは難しいようだ。

▌（3）医師を中心とした縦割り型組織

医療機関には、医師や看護師以外にも臨床検査技師や理学療法士、さらには薬剤師、管理栄養士などさまざまな専門職種がメディカルスタッフとして存在する。メディカルスタッフは病院組織に対する帰属意識は低いものの、自らの職業に対する意識は高く、プライドの高さゆえに組織としての調整が困難となる。特に、看護師など他のスタッフが医師をマネジメントすることはきわめて難しい。多くの医療機関で採用されている組織形態は、医師を中心とした縦割り型組織であり、トップダウン型組織である。こうした組織ではシステムや権限の問題などが生じている。

▌（4）高い人件費比率

人件費比率（総費用に占める人件費の割合）が50％を超える医療機関も多く存在するなど、企業と比べて人件費比率が高いことが特徴的である。治療に使用するさまざまな検査機器は高額であることが多いため、検査の質を高めようとすると人件費を抑えざるを得ない。そこで、契約やパートの看護師、メディカルスタッフを採用するが、それによりスタッフ間での業務のやりとりに支障が生じてしまうこともある。

また、業務を外注することにより、その業務に必要なスタッフを雇用する必要はなくなるが、業務の遂行に日数を要してしまうことにもなりかねない。さらに、入院に関する診療報酬は、看護師の数（人員配置）によって変わるため、看護師の数を削減することは難しい場合もある。さまざまな専門職種が働く医療機関はヒトが重要であるため、企業と比べてどうしても人件費が高止まりしてしまう。

4　経営戦略からの議論

▍（1）さまざまな制約がある医療サービス

　医療機関にも経営の考え方を取り入れる必要があるが、医療機関の経営はどのようになっているのだろうか。

　経営戦略を考える際は、マーケティングの視点から議論されることが多い。「マーケティングの4P」という概念があるように、マーケティングは製品（Product）、価格（Price）、流通（Place）、広告（Promotion）といった4つの視点から議論される。たいていの産業ではそれぞれの企業が自由にマーケティング戦略を行うことができるが、医療産業ではこれら4つのすべてにおいて、医療法などによる規制を受けている。

　たとえば、価格に関して言えば、企業は製品（サービス）の価格を戦略的に上下させて、利益の確保やシェアの拡大に努めることができる。しかし、保険診療にかかわる医療費は公定価格として定められており、医療機関が勝手に操作することができない。

　診療報酬における「出来高払い方式」と呼ばれる制度では、1つの診療行為当たりの医療費は一定額であるため、治療や検査、投薬をたくさん行うことによって、医療機関は高い診療報酬を確保することができた。しかし、2003（平成15）年からは「包括払い方式（DPC／PDPS［Diagnosis Procedure Combination／Per-Diem Payment System］：診断群分類別包括支払い制度）」が段階的に導入された。「包括払い方式」とは、あらかじめ国が定めた診断群（病名と診療行為の組み合わせ）ごとに1日当たりの定額医療費（包括評価部分）を設定し、定額医療費に含まれない手術や一部検査、処置など（出来高評価部分）は従来通り「出来高払い方式」とする制度である。これにより、医療機関は検査や投薬の回数を増やしても一定額の報酬しか支払われなくなった。

　このように、医療の価格は国が関与・管理しており、医療機関が自由に設定することはできない。そのため、1つの診療行為に対する収入は一定であると言える。しかし、支出は自由である。より高度な医療サービスを提供するためには、高額な医療機器を揃える必要があり、患者の獲得や維持を図るにはアメニティを充実させたり、施設の改築などを行わなければならない。つまり、患者満足を考慮すればするほど、支出が増大していく構造となっている。

▍（2）職務満足を高める手段としての組織マネジメント

　サービス・マーケティングの視点から考えると、サービスには、提供者と顧客との共同生産のもとで行われるという特徴がある。両者は接点を持つため、顧客は提供者の技術や態度、姿勢を見ることが可能となる。顧客から高い評価を得るためには、まず提供者が業

務内容に満足する必要があるだろう。そうでなければ、質の高いサービスを提供できない。

　医師や看護師をはじめとする医療スタッフの職務満足を高める手段としては、一般企業と同じように、報酬を高めることが考えられる。しかし、医療費が公定価格で決まっている以上、報酬を上げるにも限度がある。つまり、できるだけ支出を抑え、コストをかけずに職務満足を高める必要があるが、それには組織マネジメントが重要となる。

　次章からは、組織マネジメントに必要な知識や具体策について、事例を交えながら解説していく。

第2章

組織形態

1　職務満足と患者満足との関係

　医療機関のマネジメントにおける職務満足と患者満足の関係をまとめると、**図表2‑1**のようになる。職務環境を高めると職務満足が高まり、すると医療の質が高まり、その結果、患者満足が高まるという因果関係である。

　それでは、職務満足の高い職場とはどのような職務環境なのだろうか。1つは、前章で述べた報酬であるが、報酬を高めることは容易ではない。それならば、医療スタッフが働きやすい環境を提供することが重要であるが、そのためにはどのような組織形態がよいのだろうか。本節ではさまざまな組織形態の特徴やメリット・デメリットを考察していく。

2　職能別組織

▎（1）組織形態の特徴

　企業が組織を整備する際、まず組織形態を考える必要がある。職能別組織は伝統的な組織形態であり、企業規模が大きくなると、この組織形態をとることが多い。

　職能別組織では、研究開発や製造、販売、経理など仕事内容によって部署が分けられる（図表2‑2）。1つの製品だけを扱っている企業にとってはこれでよいが、扱う製品が複数になると、この組織形態ではうまくいかないことがある。

　たとえば、A、B、Cの3つの製品を扱っている場合、研究開発部はA課、B課、C課のように3つの課に分割される。同じように、製造部でも3つの課（A課、B課、C課）が

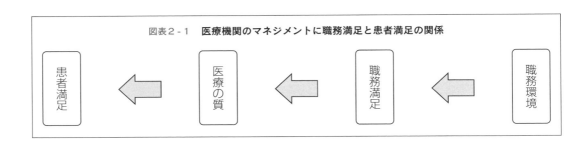

図表2‑1　**医療機関のマネジメントに職務満足と患者満足の関係**

患者満足 ← 医療の質 ← 職務満足 ← 職務環境

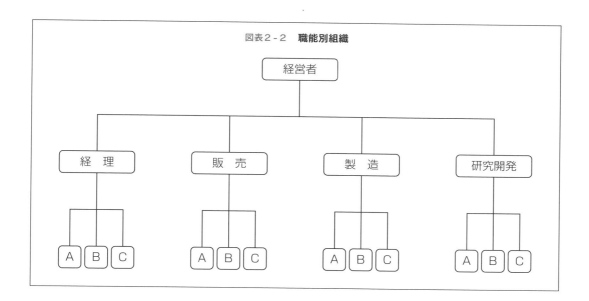

図表2-2　**職能別組織**

あり、販売部や経理部でも3つの課(A課、B課、C課)に細分される。

　この場合のメリットとデメリットを整理しよう。まずメリットとしては、同じ部署内で複数の製品を扱っているため、知識・情報・技術の相互活用が可能であることが挙げられる。たとえば、研究開発部において、製品Aの研究開発で培った知識・情報・技術を製品Bや製品Cでも活用することが容易である。つまり、相乗効果が期待できる。

　反対にデメリットとしては、製品Aにかかわっているスタッフが別の部署に分かれているため、研究開発部A課が持つ情報が製造部A課にうまく伝達されなかったり、コラボレーションを行うことが困難となることが挙げられる。また、製品Aに関する利益を把握することは容易だが、研究開発部A課が獲得した利益や使用したコストを正確に計算することはきわめて難しくなる。つまり、課内や部内での収益構造がわからなくなってしまうといった問題が考えられる。

▎(2)医療機関における現状

　それでは医療機関の組織形態はどのようになっているのだろうか。医療機関によって組織や役職者の呼び方は異なっているものの、その多くは、**図表1-4**(7ページ参照)の形態となっている。これはまさしく職能別組織である。

　メリットとしては、専門職の種類によって、それぞれの専門職集団を形成することで、知識や技術が集団組織内で共有されやすいことが挙げられる。たとえば、患者Aの治療から得た知識や情報を、次の患者Bに活かすことが可能である。また、医療は常に進化するため、各医療スタッフは最新の情報や技術を入手する必要があるが、同じ職種の人間が近

くにいるため最新の情報や技術へのアクセスが容易になり、同じ職種の先輩が身近にいるため、学習もしやすい。さらに、自分の悩みを相談する際にも便利である。

　デメリットとしては、たとえば、患者Aの治療には、医師や看護師をはじめとする多くの医療スタッフが連携してあたるが、それぞれが異なる部署に所属するため、情報が伝わりにくいことが挙げられる（その解決策として「チーム医療」を掲げる医療機関が増えた。チーム医療については後述する）。また、職種間で壁ができてしまい、他の職種のスタッフとコミュニケーションがとりにくくなることもある。仕事のため、必要な情報伝達は行うものの、そこで扱われるのは形式知のみであり、暗黙知は伝わりにくい。そのような関係では異なる職種間で信頼関係が生まれることは難しく、相乗効果は期待できない。

　次に、コストについてはどうだろうか。患者Aの治療で必要となった医薬品の値段については把握することができる。しかし、1人の医療スタッフが1人の患者に、あるいは1つの診療科にどれだけかかわったかを数値で把握することができないため、1人の患者や1つの診療科に対する医療スタッフの人件費を正確に計算することは不可能である。

3　事業部制組織

▌(1)組織形態の特徴

　職能別組織において、たくさんの製品やサービスを扱い、事業が多角化していくと、先に述べたデメリットが大きくなってしまう。そうしたデメリットを解消するために、新しい組織形態が生まれた。それが事業部制組織である。

　事業部制組織は、複数の事業を行っている企業に適した組織形態である。たとえば、企業がA、B、Cといった3つの製品を扱っている場合、それぞれの製品を専門に扱う3つの事業部に分け、さらにそれぞれの事業部の下部組織として、研究開発課、製造課、販売課、経理課などを置く（図表2-3）。それぞれの事業部は独立した関係となっており、この独立関係がさらに強くなった形態を「カンパニー制」と呼ぶ。

　それでは、事業部制組織のメリット、デメリットは何だろうか。まず、メリットとしては、製品Aに関係する従業員がA事業部という1つの組織内にまとまって存在しているため、コミュニケーションをとりやすいことが挙げられる。たとえば、研究開発のスタッフとマーケティングのスタッフ、さらには販売のスタッフなどが共同で新製品開発を行うことが可能となる。研究開発、マーケティング、販売などさまざまな立場の人間がそれぞれ自分の専門的知識を提供し合うことにより、質・量ともに豊富な知識の融合を期待できる。

　また、事業部ごとの収支計算を行いやすいというメリットもある。これにより、どの事業部が利益を得ていて、反対にどの事業部が利益を得ていないのかを簡単に把握することができる。そのため、利益が出ていない製品事業部をあきらめ、利益が出ている製品事業

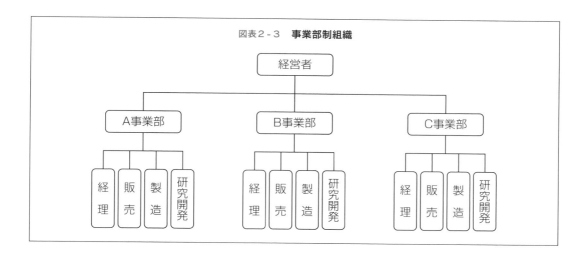

図表2-3　事業部制組織

部に資源を集中させることも可能だ。

　反対にデメリットとしては、それぞれの事業部が独立していることにより、事業部間で競争関係に陥ってしまうことが挙げられる。自分の事業部だけが利益を得て、それが高い報酬や昇進につながれば、事業部内の知識・情報・資源などを他の事業部に提供しなくなってしまう。つまり、事業部間での協働が期待できない。

　これらのメリット、デメリットは先に述べた職能別組織のメリット、デメリットの裏返しとなっている。そのため、どちらの組織形態が望ましいかは一概に言うことはできない。自社が扱っている製品の数や組織風土などを考慮し、適切な組織形態を選択していく必要がある。

▌（2）医療機関における現状

　では、医療機関において事業部制組織は採用されているのだろうか。たとえば、内科のなかに医師や看護師、メディカルスタッフ、事務職員などが存在する形態である。ほとんどの医療機関で、こうした診療科ごとの形態はとられていない。なぜなら、事業部制組織のもとで内科の看護師に余剰があるが、外科の看護師が不足している場合、内科の看護師が外科の看護師を助けに行けなくなってしまうからだ。人材が不足している多くの医療機関においては事業部制組織のような組織形態は不可能である。また、診療科ごとに医療スタッフを分けてしまうと、それぞれの科に所属する医療スタッフの数が少なくなってしまう。そのため、休暇などを取得しにくくなり、そうした職場には、働き手が集まらない恐れがある。

　それでは、人材が足りていれば可能であろうか。医療機関の場合、それでも不可能である。なぜなら、患者の病気は1つの診療科だけで完結しないことが多く、内科の医師と外

科の医師など診療科間の医療スタッフが協働しなければならないからである。

　患者の治癒やQOL（Quality of Life：人生の質、生活の質）の向上のためには、診療科間のコミュニケーションや連携が必須であり、診療科間に協働関係のない事業部制組織のような組織形態では、十分な治療を施すことは不可能である。

4　マトリクス組織

▌（1）組織形態の特徴

　職能別組織と事業部制組織の両方のメリットをとったのがマトリクス組織である。

　マトリクス組織とは、事業部制組織と同様に複数の事業を行っている企業が採用している組織形態である。これは、図表2 - 4のように2次元で考えるとわかりやすい（実際には、トップが上から組織全体を見渡している3次元の形となっている）。

　図表2 - 4の縦軸は、研究開発、製造、販売、経理といった職能別に組織が分かれている。そして横軸は、A、B、Cといった事業部ごとに組織が分かれている。組織を両方の視点から分けることにより、職能別組織と事業部制組織の両方のメリットを得ることができる。

　しかし、現実には、この組織形態を一般的な企業で採用することは難しい。なぜなら、図表2 - 4で12個ある楕円形がそれぞれの組織であり、たとえば、左上の楕円はA事業部の研究開発を行っている組織であるが、この組織には研究開発部長とA事業部長という2人の管理者が存在することになる。両者の指示の方向性が同じ場合には大きな問題はないが、もし両者が矛盾する内容を部下に指示すれば、その組織に所属するスタッフはどち

図表2 - 4　**マトリクス組織**

	A事業部	B事業部	C事業部
研究開発	◯	◯	◯
製　造	◯	◯	◯
販　売	◯	◯	◯
経　理	◯	◯	◯

らの指示を優先させるべきかわからなくなってしまう。

(2)医療機関における現状

医療機関の組織形態は、このマトリクス組織に近い。たとえば、内科の看護師は、看護師という職能集団に属している一方で、内科という診療科にも属している。そのため、看護師長と内科医師の2人の指示を受け、日々の業務を行っている。

看護師のなかには、看護師長と医師の指示内容が異なり、どちらの指示を優先させるべきかを決めることができず、当惑したことがある方も多いのではないだろうか。こうした場合、スタッフ一人ひとりがそのときの置かれた状況でどちらの指示を優先させるべきかを判断できる裁量や、指示に従わなかったからといってむやみに怒らない上司の力量が問われることとなる。

5 リレー型組織とラグビー型組織

(1)組織形態の特徴

企業の新製品開発は、いくつかのチームに分かれて行われ、中核機能を開発するチーム、付随機能を開発するチーム、デザインを考えるチーム、プロモーションを考えるチームなどがそれぞれの役割を果たしている。組織は、その際のチーム間ごとのつながりから、リレー型組織とラグビー型組織に分けられる。

図表2-5に示した上の図がリレー型組織による新製品開発の過程である。リレー競走で走者が次々にバトンを渡して進んでいくように、中核機能の開発が完成したら、次の付随機能の開発に着手していく。

一方、下の図はラグビー型組織による新製品開発の過程である。ラグビーでは自分の横を走る仲間にパスして進んでいくように、中核機能の開発が完成する前に、次の付随機能の開発に着手していく。こちらのほうが、全体としての研究開発期間が短くなるのは、図から見ても明らかである。

(2)医療機関における現状

医療機関における治療は、患者の疾病により、リレー型のときもあれば、ラグビー型のときもある。患者が健康を取り戻すにはラグビー型のほうが短期間で済むが、その分、治療に専念しなければならず、患者への負担が大きくなることもある。入院患者であればまとめて治療しやすいかもしれないが、仕事を持った患者が頻繁に病院に通院することは時

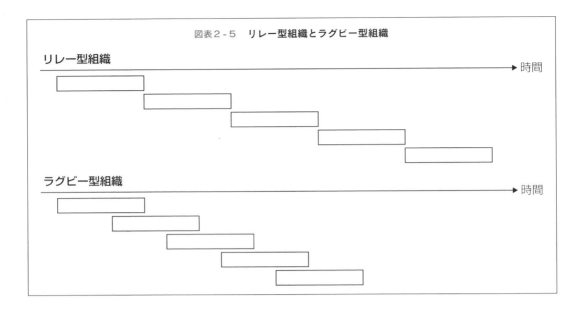

図表2-5　リレー型組織とラグビー型組織

間的に難しい。大事なのは患者のニーズを踏まえて適切な治療プログラムを組むことである。

　いずれにせよ、患者や治療に関する情報を適切に関連するスタッフに伝えていかなければならない。患者の治療が診療科をまたぐ場合、他診療科との連携が不可欠である。「両者で連携をとってください」とお願いをしても、実際に連携するのは容易ではなく、連携する診療科の数が3つ、4つと多くなるにつれ、より難しなっていく。そのため、患者の治療が複数の診療科にまたがる場合は、間に立って複数の診療科の治療状況を把握したり、調整することのできるスタッフがいることが望ましい。

6　トップダウン型組織とボトムアップ型組織

(1)組織形態の特徴

　組織形態は、トップダウン型組織とボトムアップ型組織という分け方もある。これらはどのような形態なのだろうか。

　図表2-6に示した左側の図はトップダウン型組織を表している。トップダウン型組織（官僚型組織とも呼ばれる）ではトップである経営者から部長、課長、そして一般従業員へと情報が伝達される。それは一方向的な流れであり、その情報の多くは命令である。この形態では、経営者と一般従業員との間に大きな情報量格差が存在する。一般従業員が行う仕事内容が単純な場合に、この組織形態は適している。

　一方、右側の図はボトムアップ型組織を表している。一般従業員が日々の業務のなかで

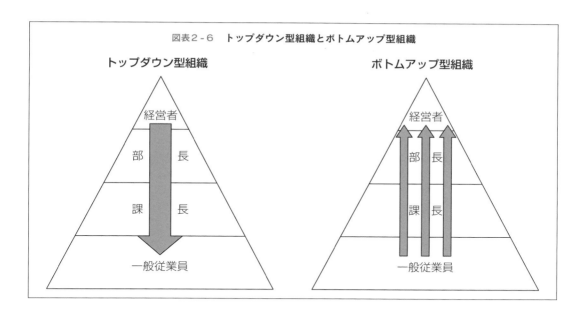

図表2-6　トップダウン型組織とボトムアップ型組織

トップダウン型組織

経営者
部　　長
課　　長
一般従業員

ボトムアップ型組織

経営者
部　　長
課　　長
一般従業員

気づいた点などを上司に報告すると、それが課長、部長、そして経営者へと伝達され、途中でもみ消されるようなことはない。これは、従業員の仕事内容が複雑で、臨機応変な対応が必要であり、対応に試行錯誤が必要な場合に適している。一般従業員を尊重した組織形態であり、経営者は従業員が働きやすく、意見を言いやすい環境を整備することが主な仕事となる。そして、一般従業員の意見を吸い上げる課長などの中間管理職の役割がきわめて重要となる。

（2）医療機関における現状

　医療機関ではトップダウン型をとっている組織のほうが圧倒的に多い。医療機関全体を眺めてみると、成功している医療機関ではリーダーシップに富んだカリスマ経営者のような理事長が存在することがある。彼らは命令口調でなかったとしても、その指示は絶対であり、それに異論を唱える部下もいない。また、医局を眺めてみると、たとえば大学病院では、教授をトップとした封建的な社会が築かれている。また、看護部に目を移すと、同じように看護部長をトップとした封建的な社会が築かれている。

　医療スタッフの場合、一人前になるための勉強や実務的経験は長い年数を要するため、先輩に教えてもらわなければならない機会が多い。そのため、封建的な組織文化となりやすい。しかし、治療は大変複雑であり、1人のトップだけが決断するよりも、多くの人がそれぞれの見地から意見を出し合い、ワークショップ的に治療方針を定めていったほうがよい場合もある。そのため、ボトムアップ型の組織形態のほうが適していると言えるだろう。これは次節で説明するチーム医療の考え方にもつながる。

　それでは、どのようにしてボトムアップ型組織へ変えていったらよいだろうか。ここで必要となるのが、理事長の強力なリーダーシップである。医療の場合、長年の経験に基づく知識が重要となる機会があるため、部長クラスの年配スタッフを尊重しつつ、若手スタッフが活躍できる場を与えていくことが大切である。自己研鑽できる場、それを実務のなかで発揮できる場を用意することが望ましい。業務の改善を目的とする委員会などの委員に抜擢するのもよいだろう。組織のすべてを急に変革するのではなく、少しずつ変革していき、若手が活躍できる土壌をつくっていくのが得策である。もちろん、これは医療職だけでなく、事務職においても言える。

② チーム医療の特性

1 チーム医療とは

■ （1）チーム医療の特性

　チーム医療は、多くの医療機関において実施されており、それを前面に打ち出す医療機関が2000（平成12）年前後から増加した。それまでは、患者に対して治療を行う医師や看護師、医療スタッフなどがそれぞれの専門的な医療サービスを施し、チームという認識やまとまろうとする意識は低かった。

　細田（2003）によると、チーム医療とは「単に専門の異なる複数の職種の者が一人の患者に対して仕事をすることだけでなく、専門的な知識や技術を有する複数の医療者どうしが対等な立場にあるという認識を持ったうえで実践される協働的な行為」と定義される[1]。この定義で重要となるのは、医療者同士が対等な立場であるという認識である。

　チームのメンバーは医師・看護師・薬剤師・理学療法士・管理栄養士・ソーシャルワーカーなど多様な専門職により構成されることとなる。その際、医師は主治医１人だけでなく、さまざまな診療科の複数の医師がメンバーとなっていることが特徴である。

　診療科による縦割りや職種による分割が多くの医療機関組織で課題となってきたなかで、チーム医療は異なる診療科の医師や、他の医療スタッフがチーム・メンバーとして協働し、患者中心の治療にあたるため、チーム医療を推進する国の政策は注目された。

■ （2）チーム医療の具体例

　たとえば、肺がん治療のチーム・メンバーを取り上げてみる。**図表２-７**に見られるように、ある段階のメンバーは、呼吸器外科の医師を主治医として、呼吸器内科や放射線科、病理医など他の診療科の医師、看護師、理学療法士、ソーシャルワーカーなど他の医療スタッフが加わっていた。手術も無事終わり、患者の症状が軽減してくると、肺がん治療に直接関与する医師は主治医だけとなり、管理栄養士、口腔外科医師、薬剤師などが新しく

＊１　細田満和子（2003）『「チーム医療」の理念と現実』日本看護協会出版会.

図表2-7　肺がん治療のチーム・メンバー例

【術前】
・呼吸器外科医師：主治医、手術
・呼吸器内科医師：抗がん剤治療
・放射線科医師：放射線治療
・病理医：組織診断
・放射線診断医：PET、CT検査の分析
・看護師
・理学療法士：リハビリ
・ソーシャルワーカー

【術後】
・呼吸器外科医師：主治医
・看護師
・理学療法士：リハビリ
・ソーシャルワーカー
・管理栄養士
・口腔外科医師
・薬剤師

メンバーに加わる。このように、主治医が中心となり、治療プロセスに応じて必要なスタッフをメンバーに呼ぶことができる。つまり、チーム・メンバーは固定化されておらず、患者の症状や治療状況に応じて臨機応変に対応することができる形態が望ましい。

ここでのポイントはチーム・メンバーが変動的だということである。他のサービス業とは異なり、医療は患者の症状により必要な治療は変化し、特にがん治療では1つの診療科だけでカバーできないことも多い。治療プロセスにおいて必要な最前線のメンバーだけを集めることは、反対にみれば不必要なスタッフをメンバーから外すことでもあり、効果的かつ効率的なチームを編成することができる。

(3)チーム医療の課題

チーム医療を重視した病院組織の変革においては、すべての職員(特に医師)にチーム医療を受け入れる組織文化をつくっていかなければならない。チーム医療の重要性が指摘されて20年ほどが経つが、依然として診療科による縦割りや職種による分割が行われていたり、チーム医療とは言うものの、実態は旧来の縦割りや分割の組織形態のままという医療機関も存在する。医療スタッフ同士が対等な立場であるという認識を持つことはきわめて難しいが、長い目で見れば、少しずつ医療スタッフ間の格差も小さくなっているのではないだろうか。チーム医療を機能させるためには、医師が他の医療スタッフの話や意見を聞く姿勢を持つことが鍵となる。

また、チーム医療は、急性期、回復期、慢性期といった病院の機能によって適切な形態は異なる。同じ急性期でも組織特有の文化などの要因により適切な形態は異なる。

2 チーム医療でもたらされるメリット

(1)権力の分散

チーム医療では従来の医療体制と異なりさまざまなメリットがあるが、その1つに「権力の分散」が挙げられる。

診療に携わる医療スタッフの関係を図に示してみると、一般的な医療機関では**図表2-8**の左側に示される。医師から他の医療スタッフに一方的に診療方針が伝達されるトップダウン型である。そして、その上では診療部長が統括している。

一方、チーム医療が機能している医療機関の関係は図の右側に示される。チーム・メンバーはフラットな関係であるため、それぞれが専門的見地から意見や提案を言いやすいワークショップ型である。この場合、チームの調整や管理を医師ではなく、看護師長や事務長などが行うとよい。チームに問題が生じた際にマネジャー役の看護師長や事務長が問題解決にあたれば、主治医は治療に専念することができる。

チーム医療とはメンバー全員の協働であり、チーム内にスーパースターがいない場合の組織マネジメントとしても有効である。さまざまなスタッフに権限が移譲されることによって、役割を分担することができる。ワークショップ型の組織形態であるため、治療に対して複眼思考が可能となり、チーム内のメンバーは互いの能力を相互に評価することとなる。それにより、各メンバーはチームに貢献しようとする意欲を相互に高めるため、チーム全体として相乗効果を発揮することができる。

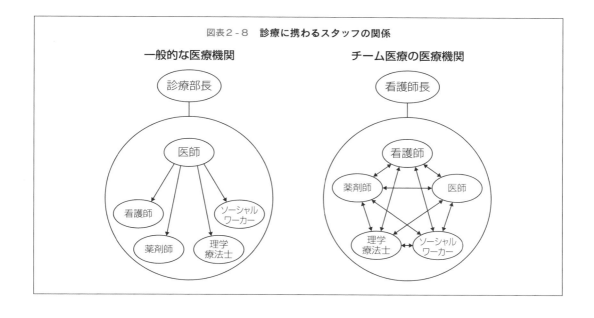

図表2-8　**診療に携わるスタッフの関係**

■（2）活発なコミュニケーション

　2つ目のメリットとして、「コミュニケーションが活発になること」が挙げられるが、ここではまずコミュニケーションについて考えてみよう。

　コミュニケーションの形態を考えると、図表2-9に示されるように車輪型、円型、自由型の3つに分類することができる。

　左側の車輪型では、あるメンバーだけが他の全メンバーとコミュニケーションをとることができる。伝達される情報の量と質は中心人物の力量にかかっており、チーム内の情報共有度合いは低い。トップダウン型組織がこれに該当する。一般的な企業でもこのような形態は多いし、医師を中心とした医療機関でもこのような形態は多い。

　中央の円型では、各メンバーはそれぞれ隣の人とだけコミュニケーションをとることができる。医療機関ではこの形態はあまり見られない。

　右側の自由型では、各メンバーは誰とでも自由にコミュニケーションをとることができる。そのため、チーム内での情報共有度合いは高い。従業員に権限が付与されたフラット型組織では、おのおのが有益と思う情報を自由に伝達・収集することが可能だ。

　チームが抱える問題が単純で容易に解決できる場合には、車輪型のほうが自由型よりも有効になることもある。しかし、問題が複雑で意思決定までにチーム内の活発な議論を必要とする場合には、自由型のほうが格段に有効となる。さらに、メンバーの満足度も自由型が最も高くなる傾向にあり、患者の治療が複雑になったり、治癒が難しくなるほど、自由型の形態が望ましい。

　一般的な医療機関、つまりトップダウン型のコミュニケーション形態は、医師を中心に情報が集約されるため、真ん中に医師が入る車輪型である。一方、チーム医療を行っている医療機関のコミュニケーション形態は自由型である。自由型は組織形態がフラットであ

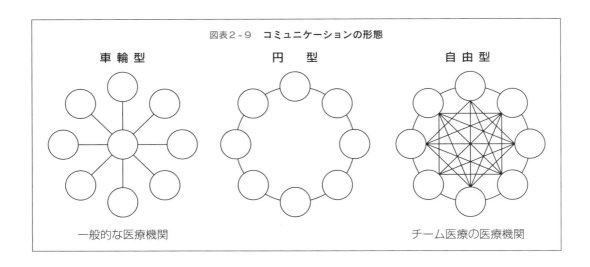

図表2-9　コミュニケーションの形態

車　輪　型　　　　　　　　円　型　　　　　　　　自　由　型

一般的な医療機関　　　　　　　　　　　　チーム医療の医療機関

ることにより、コミュニケーションの量・質ともに多くなるが、コミュニケーションが活発になると、チーム・メンバー全員の知識・情報量も増し、人間関係も良好となる。

　チーム医療では、治療方針などに関してチーム内で自由に議論できるワークショップ的な環境を整えることが、医療の質向上の実践につながっていく。チームで決断した治療により、患者が治癒できれば、メンバーのチームに対する満足度や、チームからメンバーに対する信頼感は飛躍的に上昇する。

　自由型のコミュニケーションは患者にとっても望ましい。まずトップダウン型で考えてみると、各スタッフが持つ専門的な知識・情報はいったん医師に集められたあと、主治医である医師から患者に情報を伝達する。患者は医師のみしかコミュニケーション経路を持たないため、情報が伝達されるのに時間がかかる。それ以上に問題となるのは、治療に関する相談を患者は医師だけにしか尋ねることができないことである。看護師や他の医療スタッフとは治療方針に関する相談はできないのである。チーム医療が実践されていても、現実には医師とだけしか、治療について会話ができないことも多い。

　一方、チーム医療の理想形では、自由型の真ん中に患者を置くことができる。この場合、患者はどの医療スタッフとも自由にコミュニケーションをとることができ、自らの病状や治療方針の疑問点などに関して詳しく尋ねることができる。

▌（3）知識・情報の流れ

　3つ目のメリットとして、知識・情報の流れが活性化することが挙げられる。

　医療機関を対象とした研究では、専門職種間に境界が存在することによって知識共有が難しいと指摘されてきた。また、医療関連の知識・情報やデータが近年、あまりにも膨大化しているため、医師が整理できていないことも指摘されている。そのため、職種が異なるスタッフによる組織横断的な知識のコラボレーションが必要となるが、知識は異なる職種間で関係が密接なときに伝達される。

　つまり、職種横断型組織においてすべてのスタッフが知識・情報を学習することが重要であり、それはチーム医療によって実践されることが可能であると捉えられる。病院組織全体を見ると、部署内の知識・情報はチーム医療型組織でも一般的な医療機関（トップダウン型）でも同様に、医局や看護部などでトップから下に移動している。しかし、部署間の知識・情報は、トップダウン型組織では移動できない。さまざまな部署からスタッフが集まり、それぞれが自分の専門的見地から意見を交換し合うチーム医療型組織であれば、移動は可能となる（図表2 -10）。

　次に、チーム内に目を向け、知識・情報の伝達学習について考えていく。解説を単純化するために、医師と看護師による二者の関係に限定する。一般的な医療機関（トップダウン型）における知識・情報の伝達学習の関係は、**図表2 -11の左側に示される**[2]。ここで、

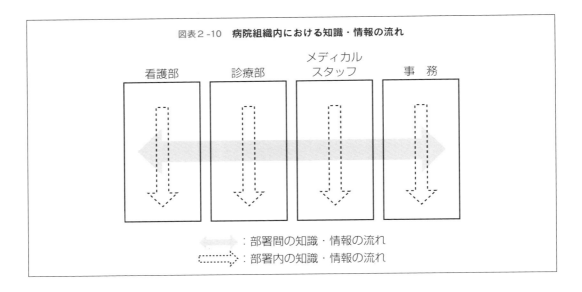

図表2-10　病院組織内における知識・情報の流れ

　A、a、B、bは専門の知識・情報を表し、その量と質との関係はA＞a、B＞bの大小関係で表わされる。医師は自らの専門知識・情報のAを持ち、看護師は自らの専門知識・情報のBを持つ。医師から看護師にAが伝達されるため、看護師は学習によりaをAにすることができる。しかし、看護師から医師にBが伝達されることはないため、医師のbはそのままである。

　一方、ワークショップ型（チーム医療型）の組織形態は、**図表2-11**の右側に示される。同様に、医師から看護師にAが伝達されるため、看護師は学習によりaをAにすることができる。同じように、看護師から医師にBが伝達されるため、医師は学習によりbをBにすることができる。この結果、医師と看護師はともにA、Bの知識・情報を持つことができる。

　以上のように、病院組織全体で見ても、チーム内で見ても、ワークショップ型（チーム医療型）のほうが知識・情報の流れの面で効果的となる。

▌(4) 同質性と異質性

　4つ目のメリットとして、同質性と異質性が挙げられる。チーム医療が優れているのは、さまざまなメンバーが集まることによって異なる視点から治療を検討できることである。

　組織内で近い距離にいる人は同様の考え方や意見を持つことが多い。同質的であると日々の業務を行いやすいが、時にはメンバー間の意見の衝突も必要である。医療では、異なる視点から複眼思考していくことが求められるケースもある。そのため、チームには異

＊2　Heller, D.A. (2006)「ラーニングアライアンスのティーチング効果」アジア自動車産業研究会2月2日講演資料.

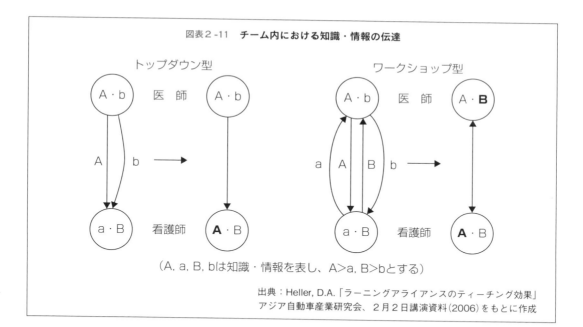

図表2-11　**チーム内における知識・情報の伝達**

トップダウン型　　　　　　　　　　ワークショップ型

医　師

看護師

（A, a, B, bは知識・情報を表し、A＞a, B＞bとする）

出典：Heller, D.A.「ラーニングアライアンスのティーチング効果」
アジア自動車産業研究会、2月2日講演資料（2006）をもとに作成

質性が求められることとなる。

　「3人寄れば文殊の知恵」という言葉があるように、チームには3人以上のメンバーが必要である。なぜなら、2人だとどちらかに簡単に同調してしまうが、3人だと簡単には1つの意見にまとまらないことが多いからである。似た考えを持つということは、前提となる部分が共有されており、そのため深い思考までいかないことが多い。

　症状の軽い、簡単な治療に対しては議論の必要はないだろう。クリニカルパスに沿っていけばよいだけである。この場合、同質的なスタッフが集まって治療していったほうが仕事をしやすい。

　しかし、患者がいくつもの重度の病気を抱えているなど、複雑な場合にはチーム内で議論を重ねていく必要がある。さまざまな職種のスタッフが集まり、それぞれの立場から自由に意見を言い合えるチーム、つまり、ある程度の異質性を持ったチームのほうが望ましいと言える。

③ 組織の整備

1　リーダーシップ

（1）経営者に求められるリーダーシップ

　企業経営において、経営者のリーダーシップはきわめて重要である。従業員が経営者の考えや方針に納得して、一枚岩となっている企業は強い。はたして医療機関はどうだろうか。

　院長には医師が就くことが医療法によって定められているが、その権限は一般企業と比べて相対的に弱いと言えよう。企業であれば、経営者が中間管理職の部長に指示を出せば、その部に属するすべての従業員に指示が行き届き、指示に従う。一方、医療機関の場合、たとえば大学病院であれば、教授に権限があるため、似たような状況は可能だが、民間の医療機関では同じようにはいかない。

　医局では診療部長が院長の指示を伝えたとしても、医局内のすべての医師が指示通りの行動をとることは少ない。対照的に、看護部や事務では、看護部長や事務長に指示すれば、その依頼事項は部内のすべてのスタッフにすぐに伝わり、依頼に対応してくれる。他の医療スタッフにおいても同様である。要するに、医師のマネジメントが難しいのである。たとえ問題のある医師がいたとしても、診療をしっかりと行っているのであれば、彼らを再教育したり、解雇することは困難である。

　成功病院と呼ばれる医療機関の多くは、理事長や院長がリーダーシップを発揮しているが、そうした医療機関の割合はきわめて少ない。リーダーシップとは簡単に備えられるものではないからである。

　一般企業を見ても、カリスマ経営者の割合は低く、その多くは会社の創業者である。そのため、多くの企業で管理職のリーダーシップ教育（研修）が実施され、時間とコストを費やしている。また、早くから1人の候補者に絞って英才教育をするのではなく、多くの中間管理職に対して教育を行っていき、経験を積ませたあと、1人の後継者を選ぶことが多い。

　リーダーシップ教育は必ず成果があがるというものではないが、教育の過程で各人が得ていく経験は、組織にとって重要な財産となる。リーダーシップへの意識が低い医療機関

ではなおさらである。しかし、そうした教育を行っている医療機関は皆無に等しいと言えよう。

(2)変わりゆくリーダーシップのあり方

近年、企業経営においてリーダーシップのあり方が変わってきている。以前は、自らが中心となって部下をぐいぐい引っ張っていくことこそがリーダーシップであったが、最近では他の管理職や一般従業員と手を取り合って、うまく協働していくタイプの経営者が増えている。そうした経営者は組織の隅々まで目を向け、すべての従業員から意見を聞き、チャンスを与えるため、従業員はこうした経営者を慕うこととなる。この現象は医療機関においても同様であろう。

(3)医療機関における管理職の育成

理事長や院長の育成の前に、中間管理職を育成する必要もある。そのため、診療部長を対象とした部長研修会を行っている医療機関も多い。院長や事務長の考え方を伝え、医療機関の方向性を全員で共有することや、マネジメントへの意識を持たせることが目的となる。特に医療機関では組織全体で理念やビジョン、経営の方向性を共有させることは、「経営」「管理」に対する意識が低いため、重要である。

診療部長を対象とした部長研修会に加え、看護部長を対象とした研修会、さらには医長や看護師長の研修会なども必要であろう。企業では入社5年目研修、10年目研修などもあるが、医療機関でそのような研修を行っているところはほとんどないのではないだろうか。若いうちから、病院経営への意識を高めることは、病院へのコミットメントを高めることにつながる。組織としてのまとまりもよくなるため、とても重要である。

2 スタッフ教育

企業で従業員を教育する際に用いられる主な手段として、OJTと集合研修の2つがある。これらについて順に解説していく。

(1)OJT(On the Job Training)

OJTとは、職場の日々の業務において先輩従業員が後輩従業員(多くの場合、新入社員や異動によって新しくその部署に配属されてきた人)を指導し、具体的な仕事の進め方や技術、知識などを習得させることである。後輩従業員は言葉や文字だけでなく、実際に先

輩の仕事を見ることによって体験的に学ぶことができるため、多くの企業で取り入れられている手段である。

　OJTは医療現場の研修でもよく活用される。研修医制度が典型であろう。しかし、医師は学ぶことが多いため、「研修医」という肩書きがとれたあとでも、常に先輩医師の診療を観察することによって、技術やコツを学んでいかなければならない。看護師や他の医療スタッフも同様である。マニュアルがあったとしても、医療現場ではマニュアルに記載されていないケースが発生することが多く、日々の業務のなかで先輩について多様なケースに対応していく意義は非常に大きい。

▌(2)集合研修

　集合研修では、診療に関する知識や情報を仲間とともに学ぶことが重要である。日々の業務のなかではどうしても診療科内の人間関係に留まり、知識や情報が偏るため、集合研修で普段は会わない人たちと交流することで、新しい知識や情報を得るだけでなく、新鮮な気持ちになることができる。

　同時に集合研修において、理事長の経営方針を聞いたり、普段会話しないトップの人と議論する機会を持ったり、参加者自らが病院経営や組織マネジメントについて考える機会を持つことがきわめて重要である。なぜなら、若いうちから病院経営への意識を高めることは、その人たちが医長や看護師長などの中間管理職になったときに、病院全体のことを視野に入れて行動できるようになるからである。

　こうした集合研修を行っている医療機関は少ないと思われる。マネジメント教育はすぐに効果が出るものではないため、長い年月をかけて徐々に教育していくことが望ましい。長い年月をかけて得た知識や経験は、スタッフ個人だけでなく、組織にとっても大きな資産となっていく。

3 ▌自己啓発

▌(1)自己啓発とは何か

　多くの企業では、従業員の教育において、従業員に前向きな意識を持たせて自発的に学んでもらおうという考え方がある。「自己啓発」と呼ばれ、そのための具体的な仕組みづくりを行っている。第4章で解説する「動機づけ」と類似の概念である。

　たとえば、通信講座と連携して、TOEICなどの英語資格講座や英会話講座、専門的な知識を学ぶ講座を揃えている企業も多い。金融機関なら簿記講座やファイナンシャル・プランナー講座などがある。企業側が御膳立てをして、従業員が自己啓発に取り組みやすい

環境を整えながら、講座の履修に必要な金額の全部または一部を援助している。

　自己啓発で重要なのは、自己啓発に取り組んでいない従業員をマイナス査定するのではなく、取り組んでいる従業員をプラス評価することである。

（2）医療機関における自己啓発

　医療はスタッフの評価が難しい産業である。各医療スタッフは使命感が強く、患者を助けたい思いから、一生懸命に業務を遂行する。他産業のように、売上のノルマのようなものはない。能力や成績による評価がしにくいため、年功序列の給与体系や昇進システムとなりがちだ。しかし、それでは、医療スタッフに高いモチベーションを持って業務に取り組んでもらうことは難しい。こうした問題を解決する手段としては活躍する場の提供などがあるが、自己啓発に取り組みやすい環境や制度の整備もその1つである。

　医療機関の場合、それぞれが専門職に分かれているため、企業のように統一した自己啓発制度を提供することは難しい。そのため、医療スタッフの専門に隣接する知識を学べる勉強会やセミナーなどを開くことが有効な手段となる。

　あるいは、学会活動（研究活動）が主要な自己啓発手段となろう。医師だけでなく看護師などさまざまな医療スタッフに対して、研究に取り組みやすい土壌をつくるとともに、学会報告や研究論文作成に対する何らかのサポート体制を整えることが望ましい。

4　組織文化

（1）組織文化とは何か

　企業にとって組織文化は重要である。なぜなら、それは従業員の士気を高めたり、低下させたりするからである。職場を変わったことがある人ならわかると思うが、働きやすい職場と働きにくい職場がある。その差を生み出す要因の1つが組織文化の違いである。

　組織文化は企業の業績に影響を与えるきわめて重要なファクターとなる。組織に属する従業員の多くが自己啓発に取り組み、自身の成長に努めている組織では、自分も同じような意識となる。反対に、組織内にサボる従業員が多いと、いくらやる気のある従業員でもついついサボってしまう。

　自由で明るい雰囲気の職場だと話しやすいため、わからないことがあれば周囲に気軽に聞いたり、相談することができる。反対に、コミュニケーションの少ない職場であれば、話しかけるのに勇気がいり、わからないことがあっても質問するのをやめて、自分で判断することで失敗してしまうかもしれない。このように、組織文化は組織の資質やパフォーマンスを決めるため、とても重要である。

▊（2）組織文化の変革

　組織文化は組織の内部から評価することが大変難しい。また、組織文化を変えようと思っても簡単に変えることはできない。そのため、外部の専門家に依頼し、客観的な評価を定期的に行っていく必要がある。組織文化の変革を行う場合には、トップの指導のもと、全社的にその変革に取り組んでいかなければならない。

　良好な組織文化を築くことができれば従業員1人ひとりのパフォーマンスが高まり、それが企業全体のパフォーマンスを高めることとなるため、多大なメリットを長期にわたってもたらすことができる。さらに、組織文化は他社が真似することが不可能であるため、一度優位に立つことができれば、長期間優位に立ち続けられる可能性はきわめて高い。

▊（3）医療機関における組織文化

　医療機関においても組織文化はとても重要である。医療機関は診療科や専門職集団で組織が分かれているものの、たとえば内科の医師たちの診療態度がよくなれば、他の診療科や看護師など他の職種の診療態度も改善される。組織文化は連鎖しやすいため、理事長や院長が常々、病院全体を見渡し、チェックしていなければならない。現状において、組織文化に関心が低い医療機関も多いと思われるが、企業と同じように、病院外部の専門家に、定期的に観察してもらう必要がある。

▊ 5　理念

▊（1）理念とは何か

　企業が自らの事業の方向性を位置付けるものが理念である。全従業員がその方向性を知り、その方向性に基づき仕事をすることができるため、企業活動にとって理念を定めることは必須である。

　理念（経営理念、企業理念ともいう）は、自社事業の定義付けを行うものであり、自らの事業領域を定めるものとなる。そのため、企業設立時に理念が定まっていると、それに向けて組織を整備し、企業経営を行っていくことができる。しかし、設立時に創業者が熱い思いを持っていたとしても、それを理念として形式化しているところは少なく、企業が組織として拡大化していく過程で理念を定めることが多い。

▎(2) 企業理念の具体例

　トヨタ自動車は、企業を取り巻く環境が大きく変化しているときにこそ、確固とした理念を持って進むべき道を見極めていくことが重要との認識に立ち、1992（平成4）年に「トヨタ基本理念」を策定した。トヨタ自動車の創業は1937（昭和12）年であるため、創業から50年以上経って理念が定められたことになる。「トヨタ基本理念」は1997（平成9）年に改訂されたものの、20年以上にわたって守られている。

　パナソニックは、創業者の松下幸之助氏が経営理念を次のように定めている。まず、綱領として「産業人たるの本分に徹し社会生活の改善と向上を図り世界文化の進展に寄与せんことを期す」とし、信条として「向上発展は各員の和親協力を得るに非ざれば得難し各員至誠を旨とし一致団結社務に服すること」と定めている。松下からパナソニックへと社名を変更しても理念は変わっていない。

　企業が事業を長年営んでいると、景気の浮き沈みがあったり、あるいは中心事業が変化してしまうこともある。しかし、そのたびに理念を変えるのではなく、パナソニックのように同じ理念を抱き続けるほうがよい。そして、理念は「業績を5％改善する」「○○の分野でナンバーワンになる」といった具体的なものよりも、抽象的で冗長的なもののほうがよい。そのほうが、従業員があれこれ考え、事業に幅を持たせることができるからである。

　比較的新しい企業に目を向けると、ユニクロを展開するファーストリテイリングの経営理念は「服を変え、常識を変え、世界を変えていく」である。その下に続くミッションの1つとして、独自の企業活動を通じて人々の暮らしの充実に貢献し、社会との調和ある発展を目指します」を掲げている点が興味深い。さらに続く、私たちの価値観の1つに「正しさへのこだわり」を、私の行動規範の1つに「高い倫理観を持った地球市民として行動します」を掲げている。これらから、ファーストリテイリングは利益だけを追求するのではなく、社会を意識して人として正しく行動することを重視していることが明白である。これは、社会で役に立つことに喜びを感じる医療スタッフには共感できる理念であろう。

▎(3) 医療機関における理念

　近年、理念を掲げる医療機関が増えている。静岡県立静岡がんセンターでは基本理念として、「患者さんの視点の重視」を掲げ、「がんを上手に治す」「患者さんと家族を徹底支援する」「職員が成長、進化を継続する」といった3つを患者とその家族への約束として定めている。そして、その下に基本方針として、「最善の医療提供」「心通う対話に基づく全人的医療の実践」「充実した緩和医療の提供」「患者参加型医療の推進」など10個の項目を定めている。

　このように、基本理念で患者視点に立つことを明確化し、その理念に基づいた3つの約

束、さらにその3つを達成するための10個の基本方針といったように、段々と具現化している。とはいえ、それでも完全に具体的ではなく抽象的であるため、職員は自らの行動のなかで考えながら業務にあたることとなる。

　筆者は以前、同院の看護師にインタビューをする機会があった。経営には効果と効率の問題があり、効果を優先させると効率が劣ってしまい、反対に効率を優先させると効果が薄くなってしまうため、両立させることが難しい。その看護師が行っていた業務は患者に対してとても効果的であったが、その反面、病院経営的に見れば効率的ではなかった。その点について質問したところ、「自分の行動は正しい」と自信を持っていた。なぜなら、「患者最優先が理念として掲げられているから」ということだった。

　つまり、その看護師は病院の理念に基づいて行動しているということであり、おそらく病院組織の多くの職員に基本理念が浸透しているのだろう。このように、各職員が基本理念に沿って言動することができるようになると、組織全体として1つの方向に向かうことができ、有効なものとなる。そして、それが組織風土として組織に蓄積されていくこととなる。

6　信頼の構築

■（1）信頼とは何か

　患者と職員との間には信頼関係の構築が必要であるが、職員間にも信頼関係が構築されていなければ質の高い医療は提供できない。それではどのようにして信頼関係を構築すればよいのだろうか。

　コミュニケーションの質と量の向上は、メンバー間の信頼関係の構築につながり、その結果、コミュニケーションの質と量はさらに向上していく。信頼がより強固なものになっていくように、コミュニケーションの向上と信頼構築がスパイラル状に拡大していく関係が望ましい。

　信頼研究の第一人者である山岸（1998）によると、信頼とは相手の能力や意図への期待に基づくものであり、「自らにとって肯定的な役割を遂行する能力への期待と、自らにとって肯定的な役割を遂行する意図への期待」と定義づけられる[3]。その際、相手が役割を遂行する能力を有し、相手の意図が自らにとってメリットがあるとみなす場合に、相手を信頼すると考えられる。そして、信頼の条件として意図と能力との両方が同時に重要なのではなく、それらへの期待のバランスは時と場合により変化していくと捉えられる。

　近年では信頼を議論する際、細分化して捉えていくことが多い。山岸によると、信頼は

＊3　山岸俊男（1998）『信頼の構造』東京大学出版会.

「能力に対する期待としての信頼」と「意図に対する期待としての信頼」に分けられる。「能力に対する期待としての信頼」とは、相手が役割を行使する能力を持っているという期待に基づく信頼のことである。一方、「意図に対する期待としての信頼」とは、相互作用の相手が信託された責務と責任を果たすこと、そのためには、場合によって自分の利益よりも他者の利益を尊重しなくてはならないという義務を果たすことに対する期待に基づく信頼のことである。

▌（2）医療機関における信頼の構築

　チーム間で広義の信頼が構築されるためには、上記2つの信頼が不可欠となることは言うまでもない。いずれの信頼においても、事前に自らが抱く期待以上のことを、相手が行ったときに相手に対する信頼が増す。こうした期待以上の行為は、チーム内に旧知のメンバーがいる場合や、メンバー間の親密度が高いときに行われる傾向にあるため、医療機関は日頃から職員交流の機会を提供したほうがよいだろう。日々の業務を通じての交流は一部の人間だけに限られてしまうため、日々の業務で交流しない職員とも交流する機会を増やすことが大切である。

　信頼は一方的なものではなく、互いに抱く相互信頼の関係でなければならず、また、信頼構築には相手の誠実さや好意など個人的な関係が必要となる。医療機関では、医療スタッフが日々の研鑽を通して高い能力を持っていること、一生懸命に仕事に取り組んでいること、期待される役割をしっかりこなしていることなどが必要である。先述したように、信頼構築にはコミュニケーションが重要となるため、医療スタッフ間でのコミュニケーションと患者やその家族とのコミュニケーションが欠かせない。

病院の組織形態はマトリクス組織であることが多く、企業経営で多く見られる事業部制組織は望ましくない。その理由について、次の選択肢のうち適切なものを2つ選べ。

〔選択肢〕

①外科で不足している看護師を、余剰の内科からすぐに借りることができないから。

②医師が持っている情報が看護師や作業療法士などに伝わりにくいから。

③患者の病気が外科と内科の治療を必要としていたとしても、外科と内科が協働しないから。

④ある患者の治療に要した医師や看護師などの人件費を計算することが難しいから。

⑤2人の異なる上司が存在するから。

解答
1

①、③

解説
1

　病院の組織形態はマトリクス組織であることが多く、それは事業部制組織や職能別組織に大きなデメリットがあるからである。

①○：事業部制組織では、診療科ごとに別の組織のようになってしまうため、人員が足りない場合でも、診療科間の人員の貸し借りを迅速に行うことが難しい。

②×：選択肢は職能別組織のデメリットである。職務別組織では別の職能に情報が伝わりにくい。

③○：事業部制組織では、診療科ごとに別の組織のようになってしまうため、情報の伝達、コミュニケーション、協働が不十分になってしまう。

④×：選択肢は職能別組織のデメリットである。職務別組織では1つの治療に要する人件費などのコスト計算が難しい。

⑤×：選択肢はマトリクス組織のデメリットである。マトリクス組織では診療科(事業部)と職種(職能)のそれぞれに別の上司が存在することとなる。

問題 2 チーム医療について、次の選択肢のうち適切なものを1つ選べ。

〔選択肢〕

①チーム内で、治療方針などに関して自由に議論できるワークシップ的な環境を整えるべきである。

②チーム内のリーダーが優れているとチーム全体の能力が高まるため、スーパースターのリーダーを育成すべきである。

③チーム内で役割分担を明確にしておけば、メンバー1人ひとりが行わなければならない仕事量を低減することができる。

④普段から近くで仕事をしている人たちや仲のよい人たちをメンバーとして集めると、団結力が高まってよい。

⑤メンバーは、固定化させたほうが効率的である。

解答
2

①

解説
2

　チーム医療は、トップダウン型組織とは対極的であり、それぞれのメンバーが自由に意見を言い合える形態にするべきである。

①○：チーム医療とは、専門的な知識や技術を有する複数の医療スタッフ同士が対等な立場にあるという認識を持ったうえで実践される協働的な形態である。

②×：チーム医療は、スーパースターがいない場合に有効な形態でもある。

③×：チーム内で権限を移譲する必要はあるが、役割分担を明確にする必要はない。

④×：同質的なメンバーばかりを集めるよりも、異質的なメンバーを加えたほうが複眼的なものの見方が可能になる。

⑤×：メンバーが固定化されていないことがチーム医療の特徴である。

問題 3 病院の理念について、次の選択肢のうち適切なものを１つ選べ。

〔選択肢〕

①誰にとってもわかりやすく具体的な内容にする。

②病院の目指す目標を高くするために、簡単には到達できない内容にする。

③職員に考える機会を与えるために、抽象的な内容にする。

④病院の入口に理念を掲げるべきであり、患者に喜んでもらえるよう、患者満足に関する内容にする。

⑤キャッチコピーのようにインパクトのある文章にする。

確認問題

解答 3　③

解説 3

　理念は抽象的で冗長的であったほうが、職員がその意味をあれこれ考え、組織の継続的な発展につながる。

①×：わかりやすさも必要であるが、具体的な内容を示してしまうとそれ以上の発展は望めない。

②×：あまりにも高い目標だと、職員のやる気がなくなってしまう。

③○：すべての職員が1つの方向を目指すためには、職員が理念の達成に向けた具体的方策をあれこれ考え、工夫できるように抽象的な内容にすることが望ましい。

④×：患者満足は病院にとって重要だが、患者を喜ばすことが理念の目的ではない。

⑤×：選択肢のように誤解されることもあるが、理念にインパクトは必要ない。

第3章

組織能力を高める仕組みづくり

1 組織能力の重要性
2 組織分析の手段
3 組織能力を高める
4 知　識

組織能力の重要性

1 高校野球の強豪校が強豪校であり続ける理由

高校野球で強豪校と呼ばれる学校がある。そうしたチームが長年にわたり、強いのはなぜだろうか。

たとえ、ものすごく上手な選手が何人かいたとしても、高校野球の場合、3年経てば選手は卒業してチームから離れていってしまう。もちろん、強豪校となればよい選手が継続的に集まってくることも考えられるが、チーム内に勝つための戦術や効果的な練習の仕方が知識やノウハウとして備わっていることも大きな要因と言える。さらに、こうしたチームには選手が充実した練習をすることができるサポート体制も整えられている。選手だけでなく、選手を支える学校や地域、父兄の間にもサポートに関する知識やノウハウが整えられ、長年、受け継がれている。

2 組織能力を高めるために

本章では、このような勝利のもととなる、組織内に蓄積される知識やノウハウについて考えていく。企業が戦略を構築する際には、相手とどうやって戦うかについて熟考することはきわめて重要だが、それと同時に、自分自身に力を蓄えることも重要である。よって、常に力を発揮することができる、その源について学ぶ。

医療機関の経営において、相手に勝つという発想は少なく、組織能力を高めるという発想も少ない。しかし、質の高い医療を提供するためには、組織内に知識やノウハウを蓄積したほうがよいことは明らかである。そのため、本章では医療機関において組織能力を高める仕組みをつくる方策について説明していく。

まず第2節では、概論として、戦略を考える際に組織に目を向けることの重要性や分析の手段を述べる。次の第3節では、組織能力とはどういったもので、組織能力が備わっているとなぜよいのかについて、さらに第4節では、組織能力の具体的な知識やノウハウについて解説していく。

❷ 組織分析の手段

1 資源アプローチ

■（1）資源アプローチとは何か

　企業を分析する手段の1つに資源アプローチという考え方がある。それでは、資源アプローチとはどのような考え方なのだろうか。

　企業が他社よりも競争優位に立つことができるのは、他社が持っていない卓越した能力や資源を社内に持っているからである。たとえば、ユニクロが売上を伸ばしているのは、他社が真似できない新製品開発の能力や低価格を可能にする生産システム、さらには顧客の興味を惹く販売方法に精通しているからである。このように、他社との競争関係（これを「外部環境」と呼ぶ）に目を向けるのではなく、社内の能力や資源（これを「内部環境」と呼ぶ）に目を向ける考え方を資源アプローチという（リソース・ベースド・ビューともいう）。

　一般に、企業が持つ「資源」とは、ヒト・モノ・カネ・情報を意味する。本章で扱う資源とは主に情報であり、これには知識、ノウハウ、技術、経験も含まれる。こうした資源は無形資産と呼ばれ、ヒト、モノ、カネといった有形資産と異なる特徴がある。その1つは企業間での売買や授受がきわめて困難だという点である。

　無形資産や企業の能力は、長い期間を要して企業内に蓄積されるものであり、企業独自の資産であるため、他社が模倣しにくいものである。そのため、卓越した資源や能力は、企業に長期的な競争優位をもたらすこととなる。そして、これらの経営資源を保有すると、それを武器にさまざまな事業展開が可能となるため、シナジー効果を得ることができる。

■（2）業績の差はなぜ生まれるのか

　資源アプローチでは、企業内の経営資源や競争優位の源泉を蓄積し、展開することを戦略の中心に置く。つまり、現時点での事業の成り行きを重視するのではなく、その背後にある成功要因としての無形資産に目を向ける。この無形資産は市場取引することができないため、自社で育てなければならず、いかに蓄積していくかに力を注ぐこととなる。これは企業にとって非常に難しい課題であるが、ひとたび蓄えた無形資産はきわめて低コスト

で多方面に展開、応用することができるため、企業にとって力強い武器となる。

　この資源アプローチの考え方により、2つの企業が同じポジショニング戦略をとったとしても、企業間の業績に差が生ずる理由の説明が可能となる。たとえば、自動車メーカーのなかには、デザイン力に優れている企業、効率化(生産システム)に優れている企業、ブランド力に優れている企業などが存在する。複数の企業が同じポジションを目指したとしても、能力や資源が企業ごとに異なるため、業績に差が生まれる。

　こうした資源アプローチの考え方は、マイケル・ポーターに代表されるポジショニング・アプローチと対照的である。ポジショニング・アプローチでは、企業はまず市場でのポジショニング戦略をとり、その戦略に必要な資源を構築するという発想の順序である[*1]。一方、資源アプローチではまず企業内の資源蓄積に注力し、その後、力が備わったところでポジショニング戦略に出るという発想である。

　企業は事業運営において、自社のポジションと社内の資源のどちらか一方のみに目を向ければよいというわけではなく、両方を同時に見渡し、矛盾がない事業戦略を構築していかなければならない。なお、競争相手とのなかで自社のポジションを築くことは企業の外に目を向けることであり、「外部環境」と表現されることが多い。一方、社内の資源に目を向けることは「内部環境」と表現される。

■(3)医療機関こそ内部環境の整備が重要

　医療機関の場合、中核病院、急性期病院、リハビリ病院などの分類が明確であり、地域において個々の存在の重要性が明らかであるため、そうした病院の形態により、病院のポジショニングが定められる。企業ではライバル企業との市場シェア争いが重要であるが、それと比較して病院間ではポジショニングが定められているため、競争の意識は高くない。診療所であれば他の診療所との差別化が必要となることもあるが、病院においてはライバルとの競争の意識は低いし、意識を高める必要性は少ない(もちろん、病院経営を良好にすることへの意識は必要である)。

　重要となるのは内部環境を整備することである。なぜなら、治療行為は患者の生命や健康に直接的に影響を与えるため、個々の医療スタッフに高いレベルの知識や技術が備わっている必要があり、組織全体でも高いレベルの知識や技術が求められるからである。また、医療スタッフの目的は患者の治癒やQOLの向上にあり、そのためには内部環境が整備されているほうが望ましいからである。

＊1　Porter, P. (1980), Competitive strategy：techniques for analyzing industries and competitors, NY：Free Press (土岐坤・中辻萬治・服部照夫訳『競争の戦略』ダイヤモンド社，1985年).

2 VRIO分析

▍(1)VRIO分析における4つの視点

　経営資源を分析する際には、ジェイ・B・バーニーの提唱するVRIO分析という手段が有効となる[*2]。VRIO分析では、経営資源を①経済価値(Value)、②希少性(Rareness)、③模倣可能性(Imitability)、④組織(Organization)といった4つの視点に分割して分析することによって、その企業の経営資源がどれだけ優れているのかを把握することができる。VRIO分析は企業内部に目を向けるため、資源アプローチの考え方に立っている。なお、「VRIO」とは①から④までの頭文字をつなげたものである。

①経済価値(Value)

　企業の経営資源がどれだけ価値があるのかを分析する。

②希少性(Rareness)

　企業の経営資源が市場のなかでどれだけ希少性が高いのかを分析する。自社資源の希少性が高ければ新規企業はその市場への参入を控えるだろうし、希少性が低ければ新規企業はその市場へ容易に参入してくる。

③模倣可能性(Imitability)

　企業の経営資源に対して他社がどれだけ模倣しやすいかを分析する。模倣しにくいほど、他社は脅威を感じることになる。

④組織(Organization)

　企業の経営資源を活用できる組織体系が整備されているかを分析する。組織づくりがうまくなされていない場合には、経営資源を有効に活用することはできない。

▍(2)VRIO分析の特徴

　たとえば、ノウハウはVRIO分析でいう経済価値、希少性、模倣可能性に関するものである。それを組織内の多方面で使うことができる組織体系が整っている場合、長期にわたる優位性を築くことができる。また、競争の激しい産業には似通った製品を製造する企業がいくつか存在する。この場合、それぞれの企業の経営資源を分析すると、希少性が低く模倣しやすいことがわかる。

　VRIO分析で自社の内部を分析することによって、プラスの部分を武器にすることができ、反対にマイナスの部分を把握し改善することができる。経営資源を短期で改善することは難しいため、VRIO分析は事業の中長期的な計画を策定する際に用いられる。分析に

＊2　Barney, J.B. (2001), Gaining and Sustaining Competitive Advantage (2nd Edition), New Jersey : Prentice Hall（岡田正大訳『企業戦略論【上】基本編 競争優位の構築と持続』ダイヤモンド社, 2003年）.

よって、自社の組織能力を見極め、それをさらに高めていくためにはどのような能力や資源を持つべきなのかを考えていくこととなる。

　医療機関においてVRIO分析を行う場合、地方の中核病院であれば、その地方での経済価値（Value）や希少性（Rareness）は高いであろう。また、模倣可能性（Imitability）においても、人材や設備などの経営資源や規模の面で高いのは必然的とも言えよう。しかし、組織（Organization）においては、深く分析すべきである。有能な医療スタッフや高額な医療機器などを効果・効率的に活用できる組織体系が整備されているのか、今一度、考えてみるとよい。

（3）その他の組織分析の手法

　組織分析の手法としては、SWOT分析が有名である。SWOTとは「Strength（強み）」「Weakness（弱み）」「Opportunity（機会）」「Threat（脅威）」の4つの頭文字をとったものである。Strength（強み）とWeakness（弱み）で自組織の内部環境、Opportunity（機会）とThreat（脅威）で自組織を取り巻く外部環境を分析し、戦略目標を導き出す。

　他にも、米国の経営コンサルティング会社であるマッキンゼー・アンド・カンパニーが提唱する7S分析がある。自組織を分析する際に7つの項目「Strategy（戦略）」「Structure（組織）」「System（システム）」「Skill（スキル）」「Staff（従業員）」「Style（文化）」「Shared value（価値観）」から考える。7つの項目はすべてSから始まるため、7S分析と呼ばれている。

　これらは主に企業向けの分析手法だが、医療機関においても経営を考えるうえで有用となるはずである。SWOT分析でも7S分析でも、それぞれの項目を単語や短い文章で箇条書きしていく。組織内の人間がその作業を行うと主観的となりやすく、組織内にいると気づかないことも多いため、コンサルタントなど外部の人間に分析を依頼することが多い。しかし、組織内にいるスタッフがこの作業を行うことで、自らの病院組織について深く考えたり、自らの病院が置かれる状況を把握する貴重な機会になるため、まずは組織内のスタッフで試みたい。

③ 組織能力を高める

1 組織能力

■（1）ポジショニングと組織能力の関係

　個人の場合、高い能力を持った人は強い。同じように、組織の場合でも、高い能力を持った組織は強い。それでは組織能力とはどのようなものだろうか。そして組織能力を高めるためにはどうすればよいのだろうか。

　先に述べたように、経営戦略とは他社との競争のなかで自社をどのように位置付けていくかという発想である。具体的には競合企業を意識しながら、自社に有利な戦略の構築を考えていく必要があるが、企業の外部（経営環境）を見ることが第一であった。しかし、他社より優位に立とうとどれだけがんばったとしても、前提として企業自らに力が備わっていなければ、一時的には勝つことができるかもしれないが、持続的な競争優位を築くことは難しい。そこで、企業の内部、特に企業の能力に目を向ける必要がある。

　わかりやすく言うと、経営戦略とはポジショニング戦略であり、そのポジションで相手より存在感を示すために、どういった武器を持って相手と戦うかということである。一方、組織能力とはその武器をつくる能力である。武器を持っていなければ相手と戦うことができないのは明らかだろう。ポジショニングと組織能力との関係は、**図表3 - 1**に示される。もちろん、右上のマトリクスが一番望ましい。

　それでは組織能力はなぜ重要なのだろうか。それは他社に模倣されにくいからである。たとえば、トヨタ自動車のトヨタ生産システムは組織能力の代表例であり、「カンバン」や「カイゼン」といった方式を他社が簡単には真似することはできない。そのため、高い組織能力を有している企業は、長期にわたって競争優位に立ちやすい。

　一般にアメリカの企業はポジショニング志向であり、日本の企業は組織能力志向である。たとえば、日産とルノーのアライアンスが長い間継続されているのは、日産は組織能力が高く、ルノーはデザイン力に優れているからである。ルノーは日産の組織能力を学ぶために、長期間のアライアンスに応じている。

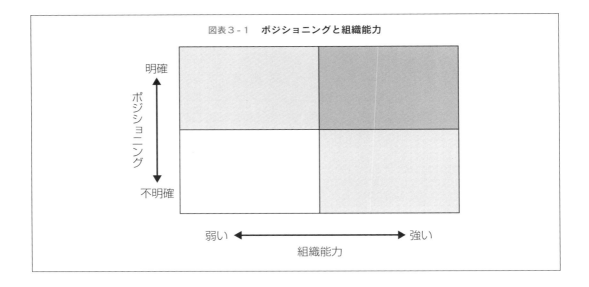

図表3-1　ポジショニングと組織能力

▌(2)医療機関の組織能力

　それでは医療機関の組織能力を考えてみよう。組織能力を意識している医療機関はきわめて少ないが、患者視点に立つと、その医療機関の組織能力を何となく判断することができる。「この病院は医師と看護師との連携がうまくいっているな」「みんなてきぱきとして機敏に動いているな」「みんな楽しそうに働いているな」などといった感想に近い印象を抱くことができる。

　では、なぜスタッフたちはそのように働いているのだろうか。それは組織能力が組織文化として深く根付いているからであり、退職などでスタッフのメンバーが入れ替わっても受け継がれているからである。

　医療機関の場合、組織能力の構築を意識していないが、組織能力が高い医療機関とは、理念が明文化され、スタッフの誰もがその理念に従って行動している病院であり、そうした組織文化ができている病院なのである。

2　学習能力

▌(1)組織の内外から学ぶ

　組織能力のなかでも、学習に着目したものが学習能力であり、学習はどの組織においてももっとも重要である。それは組織内の個人の能力を高めるだけでなく、組織全体の能力も高めるからである。

　学習能力には2つの意味があり、1つは組織の外から学ぶこと、もう1つは組織の内か

ら学ぶことである。先述した日産とルノーのアライアンスにおいて両社はアライアンスパートナー（組織の外）の長所を学ぼうと相互に学習している。どれだけ学習成果が得られるかは学習能力の高さに依存する。しかし、医療機関ではアライアンスする機会が少ないため、あまり参考にならない。そのため、医療機関においては組織の内から学ぶことが重要である。

■（2）同じ職種や多職種から学ぶ

　医療機関が組織の内から学ぶ学習は、さらに2つに細分される。1つは医師同士、看護師同士といった同じ職種内での学習である。こちらは学習するポイントや疑問点が同じであることが多いため、相互学習の関係となりやすい。もう1つは、**図表2 -11**（27ページ参照）で示した医師と看護師の関係のように、チーム内の他の職種のメンバーから学習することである。こちらのほうが、個々の学習ポイントや疑問点とは異なる観点からの知識・情報が得られるため、個々にとって重要な学習となり得る。また、同じ医師であっても他の診療科の医師から学ぶことは多く、チーム医療においては他の専門職スタッフから学習する意識を常に持つとよい。

　一方、医療機関が他の医療機関から学習する機会の1つは、医療連携においてである。医療連携においては、患者の授受をして終わりではなく、両院の医師ができるだけ接点を持ち、互いの知識や技術などを学習し合える関係が望ましい。

3　コア・コンピタンス

■（1）コア・コンピタンスとは何か

　企業の武器となる能力や資源を捉える際、「コア・コンピタンス」という考え方がある。コア・コンピタンスとはどのような概念なのだろうか。

　コア・コンピタンスは、アメリカの研究者であるゲイリー・ハメルとC・K・プラハラードによる概念である[3]。彼らの研究対象は、1970年代から80年代に飛躍的な成長を遂げた日本企業（NEC、キヤノン、ホンダ、カシオ、日本ビクターなど）であった。この時代、GEなどのアメリカ企業は勢いをなくしていたため、勢いのあった日本企業を調査し、その原因としてコア・コンピタンスという概念を見つけ出したのである。

　彼らの定義によると、コア・コンピタンスとは「顧客に対して、他社には真似できない自社ならではの価値を提供する企業の中核的な力」のことである。それは、個々のスキル

---

[3]　Hamel, G. and C.K. Prahalad (1994), Competing for the Future, Boston：Harvard University Press（一條和生訳『コア・コンピタンス経営―大競争時代を勝ち抜く戦略』日本経済新聞社，1995年）.

や特定企業の枠を超えた学習の積み重ねである。組織に蓄積されるものであって、個人や小さなチームのなかにコア・コンピタンスが内包されるというものではない。つまり、コア・コンピタンスとは企業力であって、特定のスキルとは分けて考えなければならない。

コア・コンピタンスは、嶋口（2008）による定義がわかりやすい[*4]。彼の説明によると「コア・コンピタンスは、コアという言葉を使っているものの、決して凝縮された何かではなく、DNAであったり、企業文化など、その企業全体を覆うものなのだと考えられる。そうした企業丸ごとの強さ、つまり組織能力（ケイパビリティ）そのものがコア・コンピタンス」なのである。さらに、彼は玉ねぎを例にした説明を加えている。玉ねぎをむいていくと、なかに種があるわけではないので、あとには何も残らない。目に見える核があるわけではなく、丸ごとの強みこそがコア・コンピタンスなのである。

ある業界を見たとき、同じ大企業でも好業績の企業とそうでない企業が存在する。そこで、その2社を比べてみると、個々の点においてさほど明確な差は見つけられない。しかし、業績には明らかな差が生じている。その差を生むものが企業のコア・コンピタンスなのである。このコア・コンピタンスは企業力であり、その源となるのは先ほど述べた企業の能力や資源である。

■（2）富士フイルムの事業展開

ここで今や治療においてその製品を使用することも多い富士フイルムの例を挙げたい。富士フイルムは、かつては写真や現像で確固たる地位を築いたが、携帯電話とスマートフォンの台頭により、フィルムを使ったカメラを使用したり、現像する必要性が少なくなってしまった。企業としては主力事業がうまくいかなくなってしまえば倒産となりかねない。しかし、富士フイルムは2004（平成16）年に打ち出した中期経営計画により、6つの事業領域に注力することとなった。デジタルイメージング事業（デジカメ）、光学デバイス事業（テレビや監視カメラ、携帯電話などのレンズ）、高機能材料事業（偏光板保護フィルム）、グラフィックシステム事業（デジタル印刷用機材など印刷関連）、ドキュメント事業（主に富士ゼロックスが従事）、メディカル・ライフサイエンス事業（レントゲンフィルムや画像診断用機器など）の6つである。なお、これらを選定する際には富士フイルムの基盤・基礎技術力を活かすことで、事業として勝ち続けることができるか否かが基準となった。

ここで注目すべきは、6番目のメディカル・ライフサイエンス事業である。というのも、先の5つはフィルムやカメラ、印刷など比較的関連する分野であるが、メディカル・ライフサイエンス事業は医療産業としての位置付けであり、一見関連のない分野だからである。具体的には、レントゲンフィルムや画像診断用機器の「診断」分野を中心に、機能性化粧品

---

*4　嶋口充輝（2008）『ビューティフル・カンパニー』ソフトバンク・クリエイティブ.

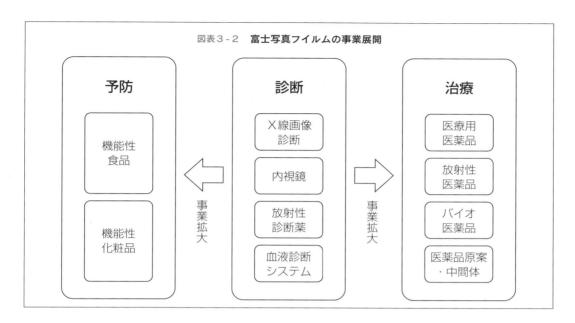

図表3-2 富士写真フイルムの事業展開

予防
- 機能性食品
- 機能性化粧品

← 事業拡大

診断
- X線画像診断
- 内視鏡
- 放射性診断薬
- 血液診断システム

→ 事業拡大

治療
- 医療用医薬品
- 放射性医薬品
- バイオ医薬品
- 医薬品原案・中間体

やサプリメントなどの「予防」分野、さらには医薬品事業の「治療」分野への参入である（図表3-2）[*5]。

「診断」分野においては、創業すぐの1936（昭和11）年にはレントゲンフィルムを開発し、戦後、製造と販売にも力を入れるようになった。そして、1971（昭和46）年には内視鏡を開発した。続いて、1983（昭和58）年には、世界で初めてX線画像診断システム「FCR」を発売し、業界のデファクト・スタンダード（事実上の標準）となった。さらに1999（平成11）年には、デジタル画像を病院内のサーバーで保管する医療用画像情報ネットワークシステム「SYNAPSE」を発売し、世界中約4,000の医療施設がこれを導入している。

「予防」分野の化粧品においては、写真フィルム事業で培ったコラーゲン、抗酸化技術、ナノテクノロジーが有効となっており、これらを活かし、2007（平成19）年にスキンケアの機能性化粧品「アスタリフト」を発売した。写真フィルムの主原料はゼラチン、つまりコラーゲンである。このコラーゲンは人間の肌のつややはりを保つのに不可欠であり、美容に少しでも関心のある女性なら、コラーゲンに高い関心を持っている。富士フイルムは会社の創立以来、写真フィルムの技術開発を通じて、コラーゲンに関する研究を続けているため、かなりの知識や技術が蓄積されている。

この「アスタリフト」は、植物から抽出した天然成分アスタキサンチンという抗酸化成分を配合している。酸化はシミや老化の原因となるため、アンチエイジングには抗酸化技術が有用となる。また、このアスタキサンチンは油溶性であり、そのままでは水に溶けないため、一般には扱いにくい成分なのである。そこで物質を微小化するナノテクノロジーが

[*5] 古森重隆（2013）『魂の経営』東洋経済新報社.

有効となる。これは、写真フィルム開発で培ってきた技術を応用したものであり、これにより成分の浸透や、必要な物質を必要な場所に効率よく吸収させることが可能となる。「アスタリフト」は、既存の技術を応用させた富士フイルムにしかできない化粧品と言える。

　「治療」分野においては、薬をいかに効率よく人体に吸収させるかが新薬開発の大きな課題となっている。富士フイルムのナノテクノロジーを医薬品に応用させることによって、薬の吸収を促進し、必要な患部にタイミングよく届けることが可能となる。また、治療において、富士フイルムのコア技術である合成技術、コラーゲン技術、画像診断技術、解析・評価技術、ナノテクノロジーなどが、有機合成、再生医療、内視鏡、3D画像解析に活かされている。

　こうした事業展開の核となっているのが、写真や現像で培った知識や技術であり、コア・コンピタンスであると言える。

■(3)医療機関におけるコア・コンピタンス

　こうしたことは医療機関においても同じことが言えよう。診療技術や患者サービスに長けている医療機関が存在する。その源となっているのがコア・コンピタンスなのである。そして、コア・コンピタンスとは組織能力の核となるものであり、理念や組織文化によって形成されていく。

　そう考えていくと、医療機関においても理念はきわめて重要であることがわかる。もちろん、理念自体が重要なのではなく、それを医療スタッフすべてが認識し、その理念の意味を深く考え、理念に基づいて日々の業務を遂行することが重要なのである。

4　技術志向と顧客志向

■(1)技術志向の問題点

　コア・コンピタンスは企業の技術が中心であるが、卓越した技術を極めればよいという錯覚に陥りやすい。医療機関であれば診療技術を極めればよいということだろうか。しかし、そうではない。

　コア・コンピタンスとは、ユニクロであればベーシックなデザインと日本人の体にフィットしたサイズに代表される他社が真似できない新製品開発の能力や低価格を可能にする生産システム、さらには顧客の興味を惹く販売方法が該当する。富士フイルムであれば、上記の例で示したように、かつての写真・現像技術で培った知識や情報が該当する。シャープであれば、企業内で蓄積された液晶開発に至ったさまざまな経験、さらには液晶技術を使い他の新製品や生産技術を開発した経験までも含まれる。コア・コンピタンスは組織の

能力であり、まさに企業力なのである。

　そこで、技術を有した企業が陥りがちな新製品開発行動について考えていく。卓越した技術を持っている企業が新製品を開発する場合、自社の技術だけを見て、それに基づいた新製品開発を行ってしまいやすい。企業が自社技術をもとに新製品開発を行うことを「技術志向」というが、こうした新製品開発には危険を伴うこととなる。

　たとえば、ハイテク製品を見ると、年々モデルチェンジと称して高機能な新製品が発売されている。最新機種では、最新技術を伴ったたくさんの機能が付与されているものも多い。しかし、顧客はそこまで高機能な製品を求めていなかったり、付随機能をまったく使わないことも多い。つまり、企業の自己満足の結果としての新製品であり、顧客にとって価値が高い製品となっていないこともある。

■（2）顧客志向の製品開発

　それに対して、顧客にとっての価値の向上、ひいては顧客満足の向上を目指し新製品開発を行っていくことを顧客志向という。この場合、顧客ニーズや顧客にとっての使い勝手の向上が重要となり、顧客が得るメリットこそが最優先課題となる。たとえば、シャープの液晶技術では、その技術により電卓の小型軽量化が可能となり、低価格化にもつながった。液晶テレビでは薄型化が可能となり、鮮やかで目が疲れない画面の製品化が可能となった。このように、自社のコア・コンピタンスの中核には顧客志向の姿勢がなければならない。要するに、技術志向であって、かつ顧客志向でなければならないのである。

　その際、2つの注意点がある。1つ目は、コア・コンピタンスは顧客の目に見えないということである。もっと言えば、顧客は企業のコア・コンピタンスに関心があるわけではない。その製品・サービスの価値こそが大事なのである。2つ目は、顧客ニーズが大事ではあるが、顧客ニーズだけに振り回されてはいけないということである。一見矛盾するようであるが、自社の戦略ドメイン（企業が自ら定めた事業領域のこと）が一貫していなければならない。戦略ドメインを軸にして、顧客ニーズを適えていく姿勢を貫かなければならない。

■（3）医療の質における技術志向と顧客志向

　医療機関の場合、技術志向と顧客志向はどのようになっているだろうか。医療界では「医療の質」という言葉がある。アベティス・ドナベディアン（1980）が医療の質を「構造」「プロセス」「結果」の3つに分けた概念を提唱して以来[6]、現在においても医療の質が議論さ

---

[6]　Donabedian, A. (1980), The Definition of Quality and Approaches to its Assessment, Ann Arbor, MI : Health Administration Press.

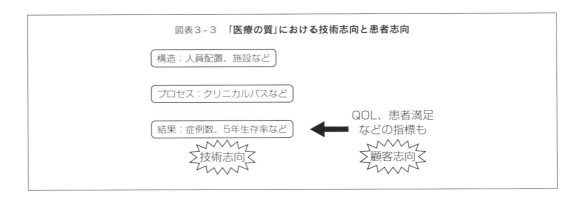

図表3-3　「医療の質」における技術志向と患者志向

構造：人員配置、施設など

プロセス：クリニカルパスなど

結果：症例数、5年生存率など　←　QOL、患者満足などの指標も

技術志向　　　　　顧客志向

れる際にはこの研究が引用され続けている（**図表3-3**）。

　日本では従来、人員配置や施設といった「構造」が注目されることが多かったが、1995（平成7）年に公益財団法人日本医療機能評価機構が設立され、「プロセス」や「結果」にも目が向けられることとなった。たとえば、「プロセス」とはクリニカルパス（標準化された治療や検査のスケジュール表）に代表される指標などであり、「結果」とは症例数、5年生存率や患者満足度といったクリニカル・インディケーター（臨床指標）などである。

　ただ、こうした指標は医療技術に偏重したものであり、技術志向の考え方に基づいている。症例数や5年生存率といった指標も、単に件数や割合だけで判断できるものでもない。たとえば、母数の違い（地域による症例数が多い場合もあれば低い場合もあるといった違い）によって症例数の件数は左右されるし、5年生存率は軽症な患者が多く集まれば割合は高くなる。

　そのため、一見すると件数や割合は測定や評価が容易であるように思われるが、実は困難であるため、患者の満足やQOLの向上にも関心が高まるようになっている。患者の満足やQOLの向上に関心を向けることは患者（顧客）志向と言える。このように、医療の場においても、技術志向と患者志向とは排他的なものではなく、ともに重視していく必要がある。

　医療は、患者がその質を評価しにくい。だからこそ、医療提供者が質の向上に意識を払うべきであり、医療技術の向上に努めるべきである。同時に、患者は医療の質を評価しにくいからこそ、患者の視点に立つべきでもある。

　治療は、医療提供者と患者（その家族も含めて）とが協働することによって、患者の病状の回復に影響を及ぼすことがあるため、その意味でも患者志向となり、患者と良好な関係を構築することが望ましい。

知　識

1　暗黙知と形式知

（1）暗黙知と形式知の関係

　企業が事業を遂行していくプロセスでは、さまざまな知識が企業内に蓄えられていく。そうした知識は「暗黙知」と「形式知」に分けることができる[7]。

　暗黙知とは、企業で働く人たちが日々の業務のなかで得ていく主観的な知識のことである。言語化されておらず、熟練工などが経験を経て得る、個人に付随する属人的な知識である。一方、形式知とは、企業内で伝達を行う際に用いられる客観的な知識のことである。文書化されており、マニュアルなどの形で表わされるため、組織内での共有が可能となる組織知である。

　この暗黙知と形式知は独立の関係にあるのではなく相互補完的であり、互いに成り変わっていく。この知識変換モードを表わしたのが**図表3-4**となる。

①共同化

　まず、個人の暗黙知からグループの暗黙知を創造するのが「共同化」である。OJTなど共体験によって、暗黙知が共有される。新製品開発や業務改善における「ああでもない」「こうでもない」といった試行錯誤の思いやひらめきが該当する。

②表出化

　次に、この暗黙知を明確なコンセプトに「表出化」する作業が必要となる。暗黙知をコンセプト、アイデア、メタファー、仮説、モデルの形をとりながら、言語化（文書化）させることによって、明示的なものになっていく。言語化することによって、社内のいたるところにその知識を伝えることができるため、表出化は知識創造プロセスのエッセンスとも言える。

③連結化

　さらに、この言語化された形式知を組み合わせ、新たな形式知を生み出す「連結化」が行われる。研究開発部が保持する技術を、マーケティング部から上がってきた顧客ニーズ資

---

[7]　野中郁次郎・竹内弘高（1996）『知識創造企業』東洋経済新報社.

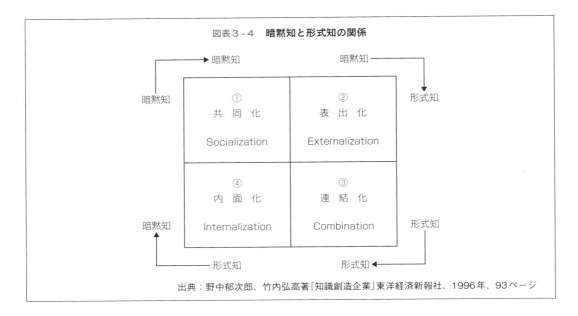

図表3-4　暗黙知と形式知の関係

出典：野中郁次郎、竹内弘高著『知識創造企業』東洋経済新報社、1996年、93ページ

料と擦り合わせて新製品開発を行ったり（言い換えれば、これは技術志向と顧客志向との両方に立った新製品開発行動である）、さらにそれを販売部の企画書と組み合わせて具体的な販売促進戦略にまで落としこむ企業行動を思い浮かべればわかりやすい。

④内面化

　最後に、形式知をもとに、より発展した暗黙知を創造する「内面化」のプロセスが必要となる。現時点の新製品、書類、マニュアルなどを見て、「もっとこうすればよいのでは」といったアイデアを個々人が持つことが多い。こうした思いつきからあれこれ熟考することによって、これまでより一歩踏み込んだ、より高次元の暗黙知が形成される。

(2)ミドル・マネジャーの役割

　個人の暗黙知からグループの暗黙知を創造する共同化の作業が行われ、さらにそれが表出化、連結化、内面化といったプロセスを経る。さらに、より高次元の共同化、表出化、連結化、内面化が行われる。このように、社内の知識がだんだんとより高次元なものへと変換、拡大するスパイラル構造のシステムを社内に持つことが望ましい。

　企業は、個人個人が持つ知識を組織全体の知識へと変換していかなければならない。そこで重要となるのはミドル・マネジャーの存在である。彼ら彼女らは、トップと第一線で働く社員との間に位置し、両者の橋渡し役となる。そのため、トップの暗黙知と第一線社員の暗黙知とを統合させ、それらを形式知に変換して、新製品や新技術に組み入れる役割を負っている。

　従来、ミドル・マネジャーは「中間管理職」と呼ばれ、社内では板挟みの立場に置かれる

ことも多いが、ミドル・マネジャーの果たす役割は大きく、有能なミドル・マネジャーを抱える企業ほど優れたコア・コンピタンスを持つこととなる。

■（3）医療機関における知の変換

　医師が持つ手術などの診療技術は暗黙知である。卓越した技術を持つ医師が24時間、365日、病院に勤務し続ければ何も問題はない（リタイヤすることなく永久的にである）。しかし、それは不可能である。そのため、卓越した技術や診療で培った知識は他の医師へ受け継がれていかなければならない。指先の感覚などの高度な技術を、先輩医師が後輩医師へ実際の手術を通じて、伝える作業は暗黙知の移転であり、共同化のプロセスである。

　次に、その技術をできるだけ文書化して多くの同僚医師に伝えていく必要がある（技術やコツに関するものは文章化することは難しい）。これは暗黙知を形式知に変換させる作業であり、表出化のプロセスである。先述したように、このプロセスが最も重要となるのだが、同時に最も難しいプロセスでもある。

　そして、その文章化された技術をいくつか組み合わせて最善の文章にする必要がある。形式知から形式知へと拡大させるプロセスであり、連結化のプロセスである。

　さらに、文章化されたものを読み、医師は新しい治療法を思いついたりする。これは形式知から高度化した暗黙知を生み出す作業であり、内面化のプロセスである。

　こうした知識変換のプロセスは、再び暗黙知から暗黙知への共同化のプロセスとつながる。このように、暗黙知と形式知とが交互に作用し合って、組織全体としての知識がスパイラル状に拡大していく関係が望ましい。

　これは院長や事務部などがマネジメント役となり、知の変換が行われる土壌をつくっていかなければならない。なぜなら、医師などの医療スタッフはそれぞれ自分で苦労しながら暗黙知を手に入れているため、それを同僚や後輩に伝えたり、医療機関内で公にするのを好まない傾向にあるからである。また、同僚や後輩がその知識や技術を習得するまでには時間がかかるため、そうした時間にかかわるコストは伝達者側の負担となってしまいかねない。何もインセンティブがなければ、伝達者側は忙しいなか、時間と手間暇をかけて知識や技術を提供しようという気にはならないだろう。

　しかしながら、医療機関が組織として活性化していくためには、この知識変換が不可欠であるため、知識や技術の提供を評価するシステムを整えていく必要がある。その前提として、普段からスタッフ間で密なコミュニケーションをとり合い、互いに信頼関係が構築されている組織であることが不可欠である。

2　見えざる資産

(1) 見えざる資産とは何か

　企業の経営資源は形があって目に見えるものと、形がなく目に見えないものとに分けることができる。組織学習とは目に見えない知識の学習であるため、組織をマネジメントする際には、目に見えない資源を意識しなければならない。なぜなら、人は目に見えるものに対して容易に意識を向けることができるが、目に見えないものに対してはついつい意識から遠ざけてしまったり、意識が向かない傾向があるからだ。

　経営資源というと、「ヒト」「モノ」「カネ」を想定しやすい。なぜなら、これらは物理的に目に見える有形の資源で、イメージしやすいからである。しかし、それら以上に企業にとって重要なのは、技術開発力などの知識、情報、熟練やノウハウ、特許、ブランド、顧客の信頼、顧客情報の蓄積、組織風土といった目に見えない無形の資源である。こうした資源を「見えざる資産」という[*8]。

(2) 見えざる資産のメリット

　見えざる資産はいくら多額のお金を支払っても買うことができず、簡単につくることもできない。時間をかけて自分で手間をかける必要があるが、その時間と手間が競争相手との差をつくる源となる。見えざる資産は現在だけでなく将来においても競争優位の源泉となるため、企業にとってきわめて重要なものとなる。そして、知識や情報に代表される見えざる資産は、複数の製品や分野で同時に多重利用することが可能であるため、それを有する企業にとって圧倒的な優位性がもたらされる。

　たとえば、富士フイルムが写真や現像で培った技術を、X線画像診断や内視鏡の開発に使っても、写真や現像の技術が負の影響を受けることはない。それどころか、X線画像診断や内視鏡の開発でさらに高度な技術が開発され、それを写真や現像の関連分野にフィードバックすることも可能であるし、さらに別の領域の開発にも応用できる。つまり、コストをかけずして企業内に相乗効果をもたらすことができる。

　見えざる資産のメリットを整理すると、次の3つにまとめることができる。

①同時に複数の人が利用可能である

②使いべりしにくい

③使っているうちに、新しい知識や情報が他の知識や情報との結合で生まれることがある

　医療機関にとって、この見えざる資産が重要となるのは言うまでもないだろう。

＊8　伊丹敬之(2003)『経営戦略の論理 第3版』日本経済新聞社.

3　長期的な競争優性を築くために

　企業が戦略を構築する際には、競合企業との間で自社のポジションをどのように位置付けるかというポジショニングの問題と、企業内に自社の強みの源泉としてどのような資源を蓄積させるかという問題がある。本章では後者に目を向けた。ここでいう資源とは無形のものであり、従業員の能力、知識、情報、ノウハウ、経験などを意味する。

　こうした資源は企業外部から導入したり、短期的に育成することが不可能であるため、他社が追随することはほぼ不可能である。そして、複数の新製品開発、あるいは複数の部署において同時利用が可能であるばかりか、使えば使うほどさらに使い勝手のよい、価値ある資源へと高められていく。これこそが企業にとってのコア・コンピタンスであり、長期的な競争優位を築く武器となる。

　医療においても、コア・コンピタンスを持った医療機関は強い。医療スタッフの能力、知識、情報、ノウハウ、経験などは同じ職種のスタッフだけでなく、異なる職種のスタッフとの間でも相互利用が可能だからである。

　そして、このコア・コアピンタンスを獲得することは容易ではない。医療機関にとって組織全体をあげて、かつ長期的な戦略に立って初めて蓄積されるものであり、時間や手間がかかるため、窮地に立たされてから慌てて得ようとしても手遅れである。

問題 1 **医療機関における知識変換について、次の選択肢のうち適切なものを2つ選べ。**

〔選択肢〕

①暗黙知と形式知との知識変換において、マネジメント役となるのは医師ではなく、病院長や事務部である。

②医師が最新で卓越した診療技術を論文など文書にまとめる作業は、暗黙知を形式知に変換させる表出化のプロセスである。

③医師は論文など文書化されたものを読み、新しい治療方法を思いつくが、これは形式知から形式知へと拡大させる連結化のプロセスである。

④暗黙知の移転とは、文書化されていないものを共有することであるが、誤解が生じやすく、医療機関内では望ましくない。

⑤知識や技術を同僚に提供するのは、医療従事者にとって当然のことである。

解答
1

①、②

解説
1

　医療機関に必要な知識創造を円滑にするためにはマネジメントが重要であり、それを司るのはミドル・マネジャー(医療経営士)が適任である。

①○：個人が持つ知識を組織全体の知識へと変換するにはミドル・マネジャーの存在が重要である。ミドル・マネジャーはトップと第一線で働く職員との間に位置し、両者の橋渡し役となる。企業であれば中間管理職が該当するが、医療機関では病院長や事務部が担うとよい。まさに医療経営士の仕事である。

②○：診療技術は方法や手順だけでなくコツやノウハウといったものが重要であり、各医師が有する暗黙知と言える。それを形式知化することによって多くの人がその技術を用いることができるようになる。

③×：選択肢は形式知からより高度化した暗黙知を生み出す内面化のプロセスである。

④×：暗黙知の移転は、たとえば指先の感覚など高度な技術を、先輩医師が実際の手術を通じて後輩医師へ伝える作業であり、医療機関内で必要なプロセスである。

⑤×：医師などが知識や技術を同僚に提供する際の評価システムを医療機関内に整えなければならない。

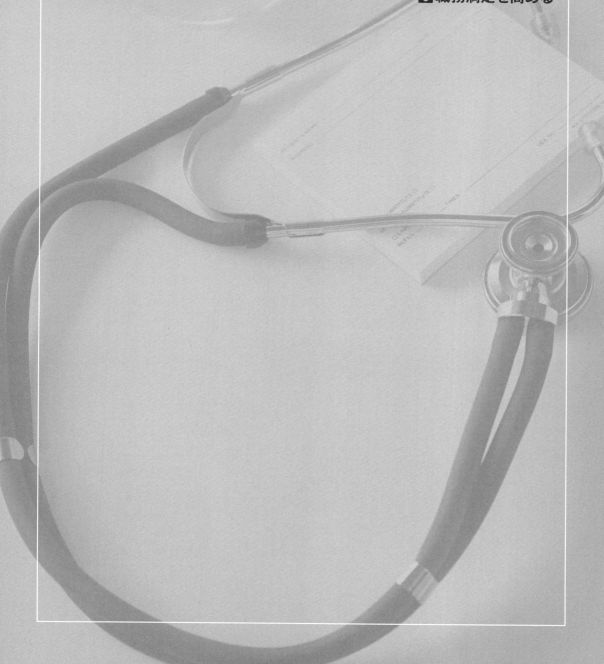

第4章

職務満足を高める仕組みづくり

1 職務満足の重要性
2 顧客満足の概要
3 職務満足を高める

職務満足の重要性

1　職員は広義の顧客である

　組織戦略において職務満足はとても重要である。そこで本章では職務満足について解説していくが、職務満足を考える際には顧客満足が関係するため、先に顧客満足の概要について述べる。

　マーケティングでは、1990年代半ばからリレーションシップ・マーケティングの考え方が興隆した。今でこそ、以前ほど意識されなくなったが、企業間取引や顧客との関係においてリレーションシップ・マーケティングの重要性が指摘されることは多い。詳しい説明は後述するが、リレーションシップ・マーケティングとは、「企業が顧客と長期継続的で友好な関係を構築するための企業戦略」と定義付けられる。

　そして、ここでの顧客は「企業が事業を運営するうえでかかわる他者」であり、広義のステークホルダーと言うことができる。広義のステークホルダーとは顧客、従業員、取引企業、株主、地域住民などであり、医療機関であれば患者、職員、連携医療機関、地域住民などが該当する。いずれの他者も広義の「顧客」として捉えられ、これらすべての顧客と良好な関係性を構築していかなければならない。

2　インターナル・マーケティングにおける職務満足

　職務満足に関する研究はマーケティングや経営学における従業員満足をベースとしており、特にインターナル・マーケティングという分野で研究されている。インターナル・マーケティングは企業が市場に対して行うマーケティング（エクスターナル・マーケティング）活動が成功する前提条件である。そして、インターナル・マーケティング研究は、1980年以降、特にサービス・マーケティングにおいて発展している。

　インターナル・マーケティング研究は大きく２つに分けることができる。１つは、動機づけの研究である。もう１つは、従業員を内部顧客として捉える研究であり、従業員ニーズに着目する研究も多い。後者の研究では内部顧客としての従業員満足が焦点であり、多くの研究で従業員への質問票調査が行われている。

② 顧客満足の概要

1 リレーションシップ・マーケティングの背景

▌（1）マーケティング・パラダイムのシフト

　リレーションシップ・マーティングの考え方は、職務満足や医療連携だけでなく、顧客満足においても役立つ。リレーションシップ・マーティングは相手との関係性をどのように築くかということであり、まずその背景について見ていく。

　マーケティングは高度経済成長期以降に発展してきたが、売り手と買い手の取引関係は時代や環境とともに変化している。具体的には刺激―反応パラダイムから交換パラダイム、さらには関係性パラダイムへとシフトしている（図表4-1）。

①刺激―反応パラダイム

　まず、刺激―反応パラダイムは、供給過剰な市場において販売拡大を狙った高度経済期に発展した。これは、売り手である企業が広告やプロモーションを積極的に行い、顧客に購買行動の誘発といった刺激を与えることを目的としたパラダイムである。このパラダイムにおいては企業が中心であり、企業から顧客へと向かう情報が一方向的な取引関係にある。そして、顧客が望む価値より、企業が生み出した価値を説得的に提供する形がとられる。この場合、企業の戦略は、他社顧客の争奪を含めた新規顧客の獲得に向けられる。

図表4-1　**マーケティング・パラダイムのシフト**

	刺激―反応パラダイム	交換パラダイム	関係性パラダイム
主　体	売り手中心	買い手中心	両者中心
取引方向	一方的	双方向	一体的
取引思想	統　制	適　応	共　創
買い手の位置	反応者	価値保有者	パートナー
時間的視角	短　期	短・中期	長　期
中心課題	プロモーション	マーケティング・ミックス	関係マネジメント

②交換パラダイム

　次に、交換パラダイムでは、企業が考える価値を一方向的に提供するのではなく、まず顧客のニーズを探り、それを満たす価値をつくり出すことで相互合意型の交換を成立させる。刺激－反応パラダイムと大きく異なるのは、顧客志向へと視点が移っている点である。顧客に対してアンケート調査を行い、新製品開発や新しいサービスの提供を行うのはこの交換パラダイムに基づく実践である。

③関係性パラダイム

　さらに、関係性パラダイムでは、交換を基軸としながらも従来の単発的な取引ではなく、企業と顧客との間に良好かつ長期継続的な関係性を構築することにより、互恵的な価値の創造を目指す。モノやサービスが充足する現代では、もはや顧客は自分が何をほしいのかわからなくなってしまった。そうしたなか、企業がいくらアンケート調査を行っても、顧客のニーズを明確に把握することは難しい。そのため、企業は顧客と手を組み、一体となり新しい製品やサービスを創造していこうという考えがあり、これがリレーションシップ・マーケティングである。

　このように、マーケティング活動の中心は関係性パラダイムに移行しているが、すべての取引形態が関係性パラダイムというわけではない。関係性パラダイムの比重が高まっているというだけで、現在においても上記3つのパラダイムが存在する。企業が置かれる環境に応じて、3つのパラダイムを組み合わせていかなければならない。

▍(2)リレーションシップ・マーケティングの目指すもの

　リレーションシップ・マーケティングは、古くから存在する「市」を思い浮かべるとわかりやすい。人々は馴染みの店に行き、店主との何気ない会話をしながら、商品を購買していく。店主は客の好みを熟知しており、客が喜びそうな商品を勧めたりもする。それは、店の売上増加を狙っての言動ではなく、「常連さん」に対しておまけを付けたりもする。常連さんは商品をただ買うだけではなく、店主との会話を楽しみにその店にやってくる。この店主と常連客との関係は長期継続的なものであり、この関係こそがリレーションシップ・マーケティングの目指すものである。

　しかし、現代において店主と顧客との長期友好的な関係が崩れていることも多い。たとえば、商店街における関係が顕著である。自動車の普及と郊外の大型スーパーの台頭により、地元の八百屋、肉屋、魚屋に行く人々は減ってしまった。こうした崩壊は食品に限ったことではない。家電においても著しい。街の電気屋に行くより家電量販店で電化製品を購買する人のほうが多い。従来、電化製品は適度に故障したため、修理してもらうには街の電気屋は便利な存在だった。しかし、近年の電化製品はほとんど壊れないため、電化製

品を購買したあと、消費者は電気屋を呼ぶ必要がなくなってしまった。これらの要因により、売り手と買い手との間で長期友好的な関係を結ぶ必要性が薄れてしまった。

　関係維持が難しくなった他の要因として企業間競争の激化が挙げられる。どの企業の製品（サービス）も似通っており、顧客の奪い合いが行われている市場も多い。そうした環境下において、顧客はあえてその製品（サービス）を反復購買したいという欲望に駆られない。

　以上の理由により、リレーションリップ・マーケティングの必要性が高まっている。

2　リレーションシップ・マーケティングとは

■（1）リレーションシップ・マーケティングの概要

　マーケティング分野において、リレーションシップ・マーケティングの研究が興隆したのは1990年代である。リレーションシップ・マーケティングへの注目が高まった理由の1つに、低成長かつ不透明な時代のなかで、企業は事業永続の基盤を顧客との長期関係性に求めるようになったことが挙げられる。

　日本における当該研究の第一人者である嶋口（2001）はリレーションシップ・マーケティングの命題を「既存顧客との長期継続的な満足と信頼の関係によって、再購買を高め、周辺顧客を累積的に呼び込むこと」と論じている[1]。この場合、「顧客」とは企業が事業を行ううえでのさまざまなパートナー、ステークホルダーが該当する。彼らとの関係性を確立、維持、強化することは企業活動において不可欠な課題であるが、これは企業だけに限ったことではなく、医療機関、地方公共団体、大学などの非営利機関にとっても顧客との関係性強化という意味において重要な概念である。

　今日のリレーションシップ・マーケティング研究では、かつて自然発生的と捉えられてきた関係性をより戦略的に活用するために、関係性がいかにして構築、維持されるかというメカニズムを解明して、それにかかわる多様な要素を抽出する研究が盛んである。当該研究において最も引用されるモーガン＆ハント（1994）では、信頼とコミットメントをリレーションシップ・マーケティングの中核的な要素としている[2]。彼らの定義によると、信頼とは「パートナーを誠実で頼れる存在だと確信すること」であり、コミットメントとは「参加者が当該の関係性を価値あるものと見なし、その継続のために努力する意志を有すること」である。彼ら以降、信頼とコミットメントの重要性は多くの研究で指摘されている。

＊1　嶋口充輝（2001）「関係性マーケティングの現状と課題」『マーケティング・レビュー』日本マーケティング協会監，pp.21-33.

＊2　Morgan, R.M. and S.D. Hunt（1994），"The Commitment- Trust Theory of Relationship Marketing," Journal of Marketing, 58 （3），pp.20-38.

▌(2)リレーションシップ・マーケティングの必要性

　ビジネスの場では、市場が成熟し供給が過剰になるほど、既存顧客の維持が重要となり、既存顧客と信頼関係の強化を図る必要性が高まる。こうした供給過剰の現象は近年の都市部を中心とした診療所においても当てまるだろう。特に、医療の場合、医療行為に関する患者の情報量がきわめて少ないため、患者にとって医療機関の差別化は難しい。患者は精神的、肉体的にマイナスの状態で医療機関に来るため、不安に陥っているなか、医師との情報量格差を感じると、患者は医師や医療機関に対して不信感を抱きやすい。当然、良好な関係性を築くことも難しい。

　ずっと同じ土地に住み、医療機関にかかる頻度の高い人を除けば、かかりつけ医を持っている医療消費者は少ない。健康であるたいていの人は日々の生活のなかでほとんど医療機関に通う必要性がなく、医療機関に対する関与はきわめて低い。しかし、病気になったり怪我をした際には患者の医療機関に対する関与は突然高くなる。

　広告規制がなされている現在においては、患者が医療機関を選択するのに口コミが有効な手段となる。そのため、医療機関は患者が通院・入院する期間だけでなく長期継続的に患者の満足度を高めていくとよい。なぜなら、満足度の高い患者は自らの医療機関のよい評判を周囲に伝えてくれる伝道者となってくれるからである。

　以前は、医療消費者は自らの周囲の人たちから、口伝てに情報を入手していたが、インターネットが普及した現在においては医療機関に通う前に、簡単にスマートフォンで医療機関の情報を集めることができる。また、インターネットの情報はずっと残るため、よい情報を書き込んでくれる患者は医療機関にとってとてもよい伝道者となる。反対に、医療機関にとってネガティブな情報もずっと残ってしまうため、そうした書き込みをする患者が生まれないように配慮しなければならない。

3　リレーションシップの構築

▌(1)リレーションシップ構築の仮説モデル

　最後に、具体的なリレーションシップの構築について説明する。筆者はリレーションシップ・マーケティグの先行研究をもとに、医療機関が患者とリレーションシップを構築するためには何が必要かを調査した[*3]。図表4-2の仮説モデルをつくり、眼科患者を対象としたアンケート調査を行った結果、下記の5つが明らかとされた。
①患者に継続して通院してもらうためには信頼関係の構築が重要である

---

*3　冨田健司(2003)「医療機関のリレーションシップ・マーケティング」『病院管理』日本医療・病院管理学会，40(2)，pp.31-37.

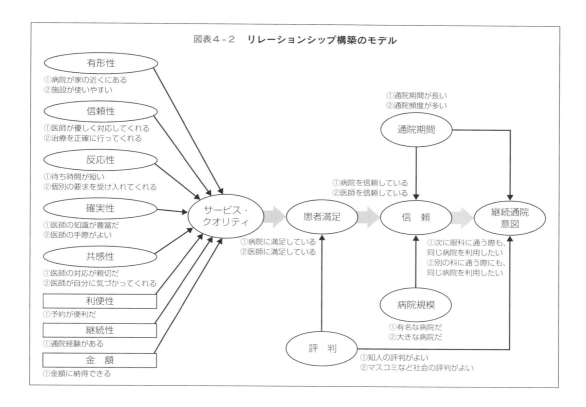

図表4-2 リレーションシップ構築のモデル

②信頼が構築されるには患者が満足していなければならない。また、患者の通院期間の長さが信頼構築に影響を与えるわけではない

③患者の満足が高まるのは、医療機関が患者の期待以上のサービスを提供してくれたときである

④具体的には予約の利便性、待ち時間の短さ、個別の要求を受け入れてくれること、医師の優しい対応、正確な治療などにより、患者の満足が高まる

⑤評判は患者満足に影響を与える

　これらの結果において特に重要となるのは、医療機関の具体的な方策を示す④である。かつては「３時間待ち３分診療」と言われたように、患者の待ち時間に対するイメージはきわめて悪い。かつてほどではないにせよ、患者は、ただでさえ体調が悪いのに、狭い場所で長時間じっと待たなければならない。医療機関は患者が遅れて来院することを避けるため、患者に予約時間より前に来院することを求める。患者は予約時間より前に来院しなければならないとなると、より長い時間、待たなければならず、不満は高まるばかりである。

　予約システムを整備させ、待ち時間の短縮に努めることができれば、患者の期待値（事前認識）が低い分、満足度は飛躍的に上昇する。また、患者は、医師の対応が親切でない、あるいは個別の要求を受け入れてくれない（個別の要求を言えない）という先入観や経験知

を有している。これらの点を克服した医療サービスを提供すれば患者満足は高まっていく。

（2）リレーションシップ・マーケティングの実践

　医療機関が患者とリレーションシップを築くためには、患者の満足度を高め、信頼関係を構築していかなければならない。その際、患者の不安を取り除いてやることが重要である。患者が不安を感じる理由の1つに、健康や生命に影響を与える最も大事なことでありながら、患者の有する情報量が少ないことが挙げられる。

　ここで、レストランと顧客との関係を考えてみたい。一部を除いた多くのレストランでは、顧客は厨房の様子を見ることができない。顧客はテーブルに出された料理がどういったプロセスを経ているのかがわからずに口にしている。不透明な部分はどの商品、サービスにおいても存在するが、この不透明な部分に顧客の不安が発生、集中しやすい。最近は食品衛生にまつわる問題が著しい。これまであまり関心がなかった顧客でも、社会で問題視されると、その材料やプロセスを疑ってしまい、身体に害のありそうな食品を避けてしまう。そのため、厨房をオープンにして顧客から見えるようにしたり、野菜などの食材がどこで生産されたものなのかを明記するといった経営努力を行うレストランも多い。

　こうした提供者側の意識は患者が敏感に感じるため、きわめて重要である。医療機関や医療スタッフの姿勢に対して、患者は安心を感じ、信頼を抱くこととなる。不透明度が高い治療法ほど患者は知りたがる傾向にあるが、その程度や内容は一様ではなく、個々の患者によって異なる。そのため、すべての患者に同じ説明を行うのではなく、患者の状態や不安によって個別に対応することが望ましい。

　医師は患者の現在の症状、考え得る限りの治療法、その際のメリット・デメリットなどをわかりやすく説明し、患者とともに最適な治療法を選択していく必要がある。これはすでに多くの病院で実践されているが、はたして患者視点か否かをもう一度考えてみる必要があろう。特にわかりやすいかどうか考えてみる必要がある。医療スタッフは日々の業務で自分たちが使っている専門用語をついつい使ってしまいがちであるが、患者はわからない専門用語を耳にしたとき、すべての会話が理解できなくなってしまいかねない。また、両者が協力関係にあるとき、信頼が生まれやすいため、医師が事前に治療方針を決定するのではなく、患者の希望を聞きながら、ともに考えていく姿勢が望まれる。

4　顧客満足

（1）顧客満足はなぜ重要なのか

　企業経営において顧客満足はとても重要である。なぜなら、企業がいくら優れた製品や

サービスを提供できていると自信を持っていたとしても、顧客が満足していなければその製品やサービスを購入してくれないからである。そのため、企業は顧客の立場に立って製品やサービスの開発や販売を行っていく必要がある。医療機関においても、患者満足はとても重要な概念と言える。

　企業のマーケティング活動において、企業と顧客との関係は大きく変わってきている。かつては企業が生産した製品の在庫をいかにして売り込むかといった企業中心の考え方であった。しかし、近年では、企業が顧客の心をいかにして掴むかといった顧客中心の考え方へと移行している。そして、顧客と長期継続的で良好な関係を構築することや、既存顧客の再購買を高め、周辺顧客を累積的に呼び込むことに目が向けられている。このため、顧客満足の重要性がより高まっている。

■（2）顧客満足を高める方法

　それでは、どのようにして企業は顧客満足を高めているのだろうか。1つは、自社の強みを訴えることであり、もう1つは、顧客に不満を抱かせないようにすることである。順に考えていこう。

①自社の強みを訴える

　まず、自社の強みを訴える際には、顧客が抱く自社のイメージを考える必要がある。たとえば、ディズニーランドの場合、「非現実的な世界」というイメージがある。そのため、顧客の目に触れないようにゴミ回収を行う、迷子の呼び出しはしない、といったさまざまな工夫をしている。ディズニーランドが行うすべての取り組みは「非現実的な世界」の演出と一貫している。

　しかし、ここで企業は誤解に陥りやすい。それは、ハイテク製品を製造する企業において、高度な技術を確立し、優れた新製品を開発すればビジネスは成功するといった誤解である。スマートフォンを思い浮かべてみれば容易だが、顧客が使う機能は限られている。洗濯機や炊飯器などの家電でも同様であるが、顧客は最先端技術が搭載された製品を必ずしも買うわけではない。それよりも使い勝手のよい、自分にとって便利で複雑でない製品を好む傾向にある。新製品は顧客に認知され、評価されて初めて価値が生まれるのであって、顧客志向となっているのかどうかあらためて考える必要がある。

　医療の場合、高度な診療技術を患者に提供していく必要があるが、技術偏重に陥るのではなく、患者のニーズを聞いたうえで、患者と協働で治療を施していかなければならない。仕事をしながら通院するのであれば、患者は1回の通院で効果が最も高い治療を好むこともある。逆に、効果の高い治療は身体への負担も大きいため、仕事を休まなくてもよい日程で身体への影響が少ない治療を望む患者もいる。

②顧客に不満を抱かせない

　100の満足を抱いていた顧客が1の不満を感じた場合、その企業の製品やサービスを購買しなくなってしまうこともある。つまり、100－1は99ではなく、0であったり、マイナスにもなってしまうのである。そのため、顧客に不満を抱かせないようにすることが重要である。

　特に診療所では、不満を抱いた患者は次に通院の機会があった際に別の診療所に移ってしまうことがある。あるいは、不満をSNS（Social networking service）などに書いてしまうかもしれない。SNSの情報は不特定多数の人たちに広まってしまうため、不満足回避の考え方は重要である。顧客不満足については次項で解説していく。

　いずれにしても、共通しているのは顧客視点かどうかということである。

▌(3)患者の呼び方は「○○様」「○○さん」どちらが正しい？

　ある病院の会長（当時は理事長）によると、その病院では患者を呼ぶとき、「○○様」という呼び方に統一した。変更の際には、スタッフから不満の声も多かったが、半年間、会長が言い続けてやっと病院内で浸透し、1年以内には院内で完全に定着したそうだ。しかし、今度は病院外部から、「患者に様を付けるなんて」との批判の声を受けることとなった。

　これは30年以上前のことであり、現在では「○○様」と呼ぶ病院も当たり前となった。一方、ある病院の理事長は「患者を○○様と呼ぶことで、患者が調子に乗ってクレームを言うようになった」と考え、彼の病院では再び「○○さん」という呼び方に戻したそうだ。

　「○○様」「○○さん」どちらでもさほど大きな違いはないが、先述の会長によると「○○様とすると、それに続く言葉が変わり、対応も変わる」そうだ。つまり、職員の言葉遣いや対応が丁寧となり、そこに狙いがあった。丁寧と患者志向とは必ずしも同義ではないが、医療スタッフは日々の仕事に追われ、ついつい冷たい対応をしてしまいがちである。いや、本人にはその意思はまったくないのかもしれないが、患者は病気や怪我を負った際にはネガティブな気持ちとなってしまいやすく、医療スタッフの対応を否定的に捉えてしまうかもしれない。そうした意味において、会長の配慮には学ぶべき点がある。

5　顧客不満足

▌(1)ゼロ満足とマイナス満足

　近年、SNSの普及により、不満足を抱いた顧客が不特定多数の人々に情報公開することが可能となり、さまざまな場で不満を主張する顧客が増加している。そのため、企業は顧客の不満足を回避しなければならない。顧客不満足はゼロ満足とマイナス満足に分けら

れる。

　まず、ゼロ満足（アンサティスファクション）とは、顧客が企業（製品やサービス）に対して特に大きな不満はないものの、決して満足していない状態である。たとえば、低価格の牛丼店やファストフードを利用する際のことを思い浮かべてほしい。店に入る前に、大きな期待を持っている顧客はきわめて少ないはずである。事前の期待が小さく、また価格も安いため、顧客は「こんなものか」と思って店を利用する。まさに、満足もしていなければ不満足もない、ゼロ満足の状態である。

　筆者は大学に勤務するため、昼食で学食を利用する際はこのような状態であり、読者のなかにも病院内のレストラン（食堂）で食事をする際には同じような状態の方々がいるかもしれない。この場合、顧客はリピーターともなるので注意しなければならない。顧客は店舗が便利な場所にあって、価格も安く、他に選択肢もないために利用するのであって、もっとよい店舗ができれば、その店に流れていってしまう。

　もう1つのマイナス満足（ディスサティスファクション）は、顧客の不満度により、さらに2つに細分される。「やや不満」と「きわめて不満」の状態である。

　「やや不満」の状態は、電車やバスなどの公共機関を利用する際や、銀行の店頭で順番を待つ際のことを思い浮かべてほしい。電車やバスの利用では多少の不満があっても、顧客は不満を言いながら利用する。それは代替手段がない（あるいはほとんどない）からである。また、銀行で長時間待たされたとしても、同様に不満を言いながら利用し続ける。それは、銀行口座には預金もあり、公共料金などの自動支払いサービスなどを利用しているため、他の銀行へのスイッチがきわめて面倒だからである。このような場合、顧客は不満足を感じながらも、顧客であり続ける。

　ところが、「きわめて不満」の状態にまで陥ってしまうと、顧客はたとえ遠回りをしても、その路線のバスに乗らなかったり、あるいは口座を解約して別の銀行に預金を移してしまう。

　ここで、注意が必要なのはゼロ満足や「やや不満」の顧客である。これらの顧客は不満をまったく口に出さなかったり、あるいは明確には言わないことが多いため、企業が彼らの不満を把握することがきわめて難しいからだ。

▋（2）患者の不満を聞き出す

　いくつかの医療機関では患者満足を把握するためにアンケート調査を行ったり、患者が自らの意見を自由に記せるような「意見箱」のようなものを設けている。しかし、これらではゼロ満足の患者や「やや不満」の患者を把握することは難しい。患者は通院期間中には、なかなか自分の要望を医師や看護師などに伝えることができない。不満を言うと、自分の治療に悪い影響が出ると考える患者も多いのではなだろうか。そのため、医療機関のほう

から患者の声を聞き出す取り組みが必要である。

　一方、「きわめて不満」の患者に対してはどうだろうか。そうした人たちはクレームを言うことが多いため、企業であればお客様センターなどのコールセンターを設け、対応している。しかし、医療機関では同様のサービスを設け、患者の不満を親身に聞いているところはきわめて少ない。そのため、患者がきわめて大きな不満を抱えたまま帰宅してしまい、不満の原因を改善することが困難となる。きわめて大きな不満の原因は、患者の勘違いや医療機関側の情報伝達不足であることも多い。病院内に患者の不満を聞く場所をつくるとよいだろう。

　診療所の場合、患者の不満を受けとめる部署を設けることは難しい。患者の不満の原因である医師や看護師と直接話をする機会を設けても、患者は不満を十分に伝えることはできず、さらに関係を悪化させるだけなのは明らかである。診療所では、診療にかかわらない受付などの第三者が患者の不満に対応すべきである。

職務満足を高める

1　職務満足をどう高めるか

（1）職員と良好な関係を築く

　医療界では「職務満足」という表現が一般的だが、マーケティングでは「従業員満足」と言う。

　企業活動にとって顧客満足は重要な課題であり、そのため、マーケティング研究では1950年代より、顧客満足に関する無数の研究が行われてきた。研究が蓄積されるにつれ、顧客満足の前提として、そこで働く従業員を満足させることの重要性が指摘されるようになった。企業が顧客満足を高めるためには、顧客に質の高い製品やサービスを提供しなければならず、そのためには大前提として、従業員が自らの処遇や職場環境に満足していなければならない。

　企業経営において、まず組織内に目を向けることの重要性が指摘されているように、近年では、従業員といかにして良好なリレーションシップを構築していくかに企業の視点が向けられるようになった。これは医療機関においても同様であろう。患者満足の向上が医療機関の課題であるが、それには職員の満足を高めることが不可欠である。

　サービス業の場合、製造業と比べて特に従業員満足が重要となる。なぜなら、サービス業では生産と消費が同時に行われるからである。つまり、企業の従業員と顧客がともに存在する場においてサービスが提供されるからである。このとき、従業員の満足度が高ければ、質の高いサービスを顧客に提供するため、顧客はそれを心地よく消費することができる。反対に、従業員の満足度が低い場合には、高品質のサービスは期待できない。従業員の言葉遣いや態度、顧客への対応などが悪くなってしまい、そうした対応を受けた顧客の満足度が低くなってしまうことは容易に想像できよう。

（2）いかに動機づけを行うか

　それでは、どのようにして職務満足を高めていけばよいのだろうか。報酬を高くすることが容易に考えつくが、これは望ましい戦略とは言えない。なぜなら人件費が高くなって

しまうからである。病院では人件費比率（総費用に占める人件費の割合）が50％を超えることも多く、レストランなど多くのサービスが30％ほどであることと比べると、圧倒的に高い。ただでさえ人件費比率が高い産業であるのに、これ以上高くしてしまうと医療機関の収益は圧迫されてしまう。せっかく、給与を上げたとしても、別の医療機関が自院よりさらに給与を高くしてしまうと、もっと高くする必要性が出てきてしまう。それでは、オークションのように給与だけ吊り上がってしまうことにもなりかねない。

　そこで、多くの企業がとる戦略が動機づけであり、それぞれの企業が置かれた状況によりさまざまな方策が実践されている。

▎(3) 離職率だけでは職務満足度は測れない

　医療機関では、特に地域において医療スタッフの不足が深刻化している。あるいは全体の数としては足りていても、救急外来や産科の医師が足りないなど、特定の診療科において数が足りないことも多い。医師や看護師などの医療スタッフは資格、専門的知識、技術、経験を要することもあり、労働の需要に比べて供給が少ない。医療スタッフの不足は医療サービスの低下につながり、さらには医療機関の経営そのものの低下にまで影響を及ぼしてしまう。医療スタッフの満足度を高めることは医療機関にとって最優先課題の1つとなっているものの、1つの医療機関だけで解決できない問題もあり、難しい課題だと言える。

　自院の職務満足度を測る手段の1つが離職率の高さであるが、離職率だけで職務満足を測るのは難しい。なぜなら、決定的な不満がないだけで、決して満足度が高くないケースも多いからである。「潜在的な離職者」は現在の自らの仕事に対して誠実でないことも多いため、医療機関は潜在的な離職者を多く抱えるべきではない。また、反対に、現状の職場に何ら不満がなかったとしても、特に看護師の場合、就職して数年経ったあとに、出身地に戻ることも多い。こうした理由から、離職率は職務満足度を測るに十分なものとは言えないものの、この数値の変化には注意を払う必要があろう。そして、離職を希望する者は、本当の離職理由を言わないことも多いが、どうして辞めていくのかを尋ねていく必要はあろう。

　企業において、従業員が離職していく大きな理由は2つあり、1つは仕事にやりがいがないこと、もう1つは人間関係である。給与はこれらと比べるとさほど大きな理由とはならないことが多い。医療スタッフの場合、専門職であるため、仕事にやりがいのなさを感じることは少ない。よって、人間関係が大きな退職理由として考えられるため、院長や部長職などの管理者は組織全体を見渡していなければならない。

2 職務満足の測定

（1）測定方法

　職務満足を実際に測定する際、どのような項目を測ればよいのだろうか。診療部長や看護部長など管理職の人間が部下に直接インタビュー(面談)する方法もあるが、これはあまり有効ではない。部下は不満を言うことによって、自分の処遇が悪くなることを恐れて、本音を言わないことが多いからである。そのため、無記名式のアンケート(質問票、質問紙)調査を併用することが望ましい。

（2）職務満足に影響を与える要因

　従業員満足に関する研究は経営学で行われており、ヘルツベルグ(1959, 1966)は達成、承認、仕事そのもの、責任、昇進をその要因として指摘している[4]。以降、多数の先行研究においてさまざまな要因が導出されている。

　一方、職務満足に関する研究では下記のような項目が職務満足に影響を与えている要因として見出されている。
・医師・同僚・上司との関係
・労働環境
・給与
・仕事そのもの
・承認
・自己成長
・自己決定権
　職務満足研究では、他にもたくさんの要因が見出されており、従業員満足研究と同様に、統一的見解が図られていないのが実情である。たとえば、下記などのほか、「ストレス」や「支配」といった不満足要因に関するものも指摘されている。
・昇進
・病院への貢献
・病院へのコミットメント
・同僚とのつながり
・同僚からの評価

---

*4　Herzberg, F. (1966), Work and the Nature of Man, New York：Thomas Y. Crowell Co. (北野利信訳『仕事と人間性』東洋経済新報社, 1968年).

　職務満足研究の特徴は、その大半が看護師を対象としたアンケート調査である。そして要因としては、配属、教育、昇進、給与といった処遇に関するもの、労働環境や人間関係といった環境に関するもの、といった2つが考慮されている。

(3)アンケート調査の進め方

　実際に調査をする際には、2段階のアンケート調査を行うとよい。まず、最初は上記の項目のできるだけ多くについて尋ねる。そして、職務満足と因果関係がありそうな項目のみを抽出し、次のアンケートを作成して、そのアンケート用紙を全職員に配布し、調査を行う。

　アンケート調査の分析では、現状を把握し、医療機関の組織マネジメントをどう改善していくかの検討をしなければならない。アンケート調査は調査をして終わりではなく、調査から病院組織を変革していくことが目的なのである。この種の調査で言えば、職務満足を高める要因となっている項目をさらに強める必要があるが、それ以上に職務満足にマイナスの影響を及ぼしている項目を見出すことが大事である。そして、現場を丹念に見ることによって、どうしてマイナスになっているのかを突き止めていくことがより重要である。

　なお、こうしたアンケート調査では、職務満足を被説明変数(Y)、さまざまな項目を説明変数(X)とした重回帰分析を行うと因果関係が明らかとなる。

3　職務満足調査例

　ここでは職務満足調査における若干の例を示して解説していきたい。聖隷浜松病院が以前に行った職務満足調査の結果は**図表4-3**に表される。この調査ではいくつかの項目について尋ね、職員の満足度と関心度の視点からマトリクスに示した。

　第1象限は満足度も高く、関心度も高い項目であり、調査の結果、「部署間連携」「やりがい」「職場の雰囲気」がこの象限にあることがわかった。これらの3項目は仕事を進めるうえで、とても重要な要因となるので、これが高い評価であったことは病院として喜ばしい結果と言えよう。

　同時に、満足度も関心度もともに低い第3象限に該当した項目がなかった点も、病院にとってはよい結果であった。

　次に、第2象限は満足度は高いものの関心度が低い項目であり、「理念・ビジョン」が該当した。そのため、この病院では日々の業務において、理念があまり浸透していない恐れがある。これは先に取り上げた静岡県立静岡がんセンターとは対照的な結果である。

　さらに、第4象限は関心度は高いものの満足度が低い項目であり、「評価」「人員配置」「給与」の3つが該当した。これらの項目の関心度が高くなるのは、医療機関に限らず、どの

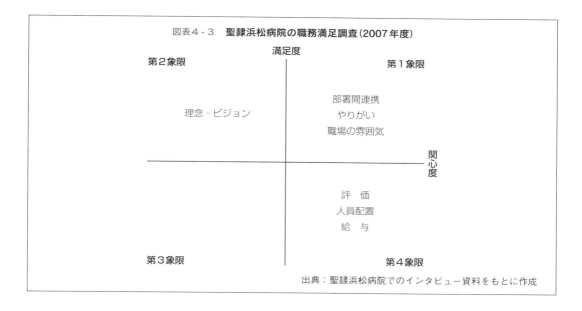

図表4-3　聖隷浜松病院の職務満足調査(2007年度)

出典：聖隷浜松病院でのインタビュー資料をもとに作成

組織においても言える。また、満足度が低くなるのも一般的な傾向である。評価や給与などの待遇面に関しては、高い満足を得ることはなかなか難しいようである。しかし、だからといってあきらめるのではなく、どの程度満足度が低いのかは追跡調査を進めていく必要がある。

　その場合、同様に不満足調査も進めていくべきであろう。不満足調査に関しては測定することは容易だが(病院にとっては望ましいことではないが)、問題は満足しているわけではないが、かといって不満足を抱いているわけでもない状態である。つまり、顧客不満足のところで述べた、ゼロ満足の状態である。職員がこのような満足度の場合、他に待遇面でよい医療機関が見つかれば、転職してしまう恐れが大きい。それ以上に、ゼロ満足の状態では、日々の業務に対して真摯な姿勢でもって仕事をしているとは考えられない。惰性の気持ちで毎日の仕事をしている恐れがあり、医療事故につながりかねない。そのため、満足の低さの度合いを医療機関は調査する必要がある。もちろん、その要因についても調査すべきである。

　経営学において、従業員満足に関する代表的な研究はブルーム(1964)であり、従業員満足が高まれば離職率や欠勤は低下することを見出した[5]。そして、その後の研究で、この関係が成り立つのは組織間の移動が容易な環境においてであると限定された。日本では企業従業員が持つ自社への帰属意識は高く、それと比べると、医療スタッフが持つ勤務先(医療機関)への帰属意識は低い。また、高い能力の医療スタッフは売り手市場にあるた

＊5　Vroom, V.H. (1964), Work and Motivation, New York: John Wiley & Sons (坂下昭宣・榊原清則・小松陽一・城戸康彰訳『仕事とモチベーション』千倉書房，1982年).

め、医療機関間の移動は容易と言えよう。そのため、職員の流出を防ぎ、質の高い医療サービスを患者に提供し続けるためには、職員の満足度を高めていかなければならず、職務満足度の向上は組織マネジメントの中核的な目的と言える。

4　能率の要因

（1）テイラーの科学的管理法

従業員が満足するとさまざまな効果がもたらされることは明らかである。具体的にはどのような効果があるのだろうか。

従業員満足の効果を測定した最初の研究はテイラー（1911）による「科学的管理法」と呼ばれる研究であろう[6]。彼の著書は1911年に発刊されているが、それ以来、何回も新版が出ているほど、世界中の多くの人に読まれている名著である。彼の名をとって「テイラー・システム」と呼ばれることもあり、現代の経営学の基礎となっている。

当時、アメリカの企業では経営者がそれまでの惰性的な業務の流れで経営を行っており、労働者もそのなかで雇っていた。つまり、何ら統一した基準がなかったのである。そのため、労働者の間に、経営者に対する不信感が募っていた。そうしたなか、テイラーが客観的な基準を提示することによって、企業の生産力は高まり、労働者の賃金をアップさせることができた。その結果、経営者と労働者の間の不信感も消え、協調関係が生まれていった。

具体的に、テイラーは「1日の仕事量の設定」「労働条件や用具などの標準化」「成功報酬」「不成功減収」「最高難易度の課業（労働者能力に基づく仕事の割り当て）」の5つを提示している。

テイラーの議論は仕事の能率に影響を与える要因として、仕事内容と時間に着目しているが、能率が上がると、労働者の満足が高まることにも言及している。

（2）メイヨーのホーソン実験

1世紀にわたる経営学の歴史のなかでもう1つの大変著名な研究はメイヨー（1933）による「ホーソン実験」である[7]。ホーソン実験とはシカゴ郊外にあったホーソン工場で1924年から1932年までの長きにわたって調査実験したものである。この実験は仕事の条件と能率との関係を見出す目的で行われたが、実験を進めたところ、労働者の能率は職

＊6　Taylor, F.W. (2008), The Principles of Scientific Management, CA：Akasha Classics（有賀裕子訳『新訳 科学的管理法』ダイヤモンド社，2009年）.

＊7　大橋昭一・竹林浩志（2008）『ホーソン実験の研究』同文舘出版.

場環境以上に、職場における人間関係や目標意識の影響を受けていると考えられるようになった。

先のテイラーによって科学的管理法が提唱され、20年経ち、メイヨーが物的環境や給料といった非人間的条件ではなく、インフォーマルな人間関係の重要性を指摘した点に、この実験の貢献がある。

テイラーの科学的管理法もメイヨーのホーソン実験も経営学ではとても有名であり、医療機関においてもそれらから学ぶことは多いと思われる。特に、ホーソン実験から、労働者の能率は職場環境以上に、職場における人間関係や目標意識の影響を受けていると考えられるようになったことは、医療スタッフの仕事の能率を考える際のヒントとなり得る。

5 従業員ニーズ

▌(1)従業員ニーズを満たす

従業員満足を考えるインターナル・マーケティングの分野では、大きく2つに分けて考えている。1つは、従業員を内部顧客として捉える考え方であり、もう1つは、従業員に動機づけを行い、それによって従業員満足を高めていく考え方である。

まず、従業員を内部顧客として捉える考え方では、従業員を顧客として扱い、彼らのニーズを把握し、満たすことを目標とする。まさに、従業員との関係を顧客との関係と同様に築くことである。

一方、従業員への動機づけに努める考え方では、いかにして従業員に高い志を持ってもらうかが重要であり、士気を高める仕掛けづくりを企業は行っていかなければならない。具体的には従業員が仕事を楽しむことのできる環境づくりや権限移譲などの制度である。

実は、この2つの考え方はきわめて類似している。経営者（トップ）と従業員との関係において、経営者から従業員へ一方向の命令ばかりでは、従業員のニーズを満たすことは不可能であり、また動機づけを行うこともできない。これらは「逆さまのピラミッド」にて具現化される（図表4-4）。

まず、左側に示した一般的企業の組織では、トップである経営者がピラミッドの頂点に立ち、その下に管理職（いわゆる「中間管理職」）、第一線の従業員（いわゆる「平社員」）が付く。そして、この第一線の従業員が顧客に対して製品やサービスを提供する。つまり、第一線の従業員は企業内で言えば最下層であるが、さらにその下に顧客が位置付けられることになる。経営者は管理職、従業員を通して顧客を見ることになる。これでは従業員満足も顧客満足も向上させることは難しい。

一方、右側の従業員志向の組織では、従来の組織構造を逆さまにしたボトムアップの形態である。企業にとって最も重要な顧客を最上部に置き、顧客満足向上の視点から自社の

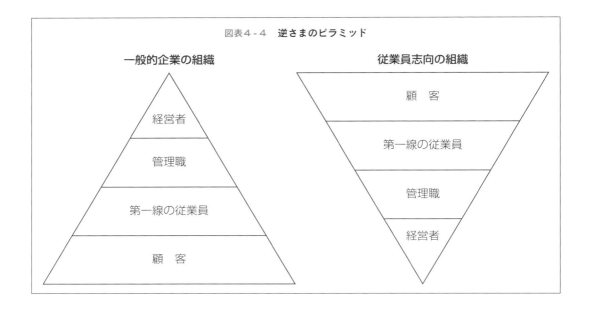

図表4‑4　逆さまのピラミッド

組織を整え、ビジネスを行っていく。そして、企業内の最上層に第一線の従業員がいる。彼らのほうが顧客接点を持ち、顧客ニーズなどの情報に長けているからである。そして彼らをサポートする位置付けに管理職がおり、経営者は全社的な視点から従業員と管理職をサポートする。この図の一番上は顧客であり、この組織体系は顧客満足を満たすためのものであり、同時に従業員満足を満たすためのものである。

（2）職務満足を高める組織体系

　多くの医療機関では図表4‑4の左側の組織体系ではないだろうか。一般の企業ほど官僚的ではないにせよ、一番上に理事長や院長がおり、その下に診療部長、そして医師が存在する体系である。また、看護部やメディカルスタッフ、事務は医師と並列的な関係ではなく、暗黙的に医局の下に位置付けられているところが多いのではないだろうか。これでは、そうした部署に属する職員のニーズに応えることは難しいし、高い職務満足を得ることも難しい。

　医師は患者に治療を行ううえで、リーダーであるかもしれないが、組織内における人間関係においてリーダーであるわけではないことを病院組織内に浸透させることが重要である。

　そうしたなか、近年では看護師が病院の副院長に就いたり、理事会メンバーにメディカルスタッフが加わったりと、医師でないスタッフの位置付けを高くしている医療機関もある。向上心の高いすべての医療スタッフに、昇進のチャンスを与えることは組織全体としての活性化につながるし、さまざまな立場の人間が経営に携わることは望ましい。

　その反面、課題も多い。もっとも大きな課題は医師の納得を得ることである。医師のなかには、リーダーシップをとることが好きではない人が多いにもかかわらず、看護師など他の職種スタッフがマネジメントに携わることを嫌う人もいる。そうした場合、医師の多くは治療に専念したい人が多いため、治療に専念できる最適な環境の提供が望まれる。

6　動機づけ

■（1）マズローの欲求階層（段階）説

　企業では社員に高い士気が備わっていると従業員の満足度が高まり、組織の能力が増す。そのため、企業は従業員に対してインセンティブを与えていきたい。代表的な手段としては金銭、つまり報酬のアップであるが、企業としてはできるだけ人件費は抑えたい。これは人件費比率の高い医療産業においては特にそうであろう。そこで企業は従業員に対して何らかの動機づけを行っていく。

　動機づけについて考える際にはマズロー（1954）の欲求階層（段階）説をもとにすることが多い（図表４-５）[8]。マズローによると、人間の欲求には下記の５つがある。

①生理的欲求

　人間が生きていくために必要な食欲や睡眠欲などの本能的な欲求。

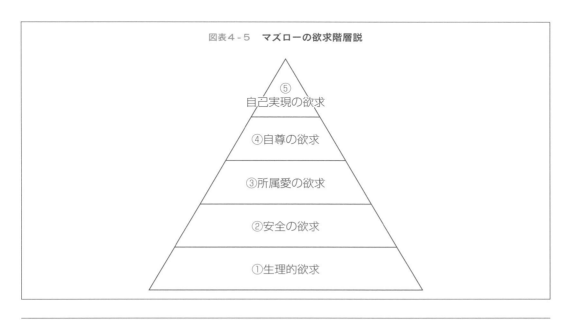

図表４-５　マズローの欲求階層説

（ピラミッド図）
- ⑤ 自己実現の欲求
- ④ 自尊の欲求
- ③ 所属愛の欲求
- ② 安全の欲求
- ① 生理的欲求

＊8　Maslow, A.H.（1954）, Motivation and Personality（2nd Edition）, New York：Harper & Row（小口忠彦訳『人間性の心理学－モチベーションとパーソナリティ 改定新版』産業能率大学出版部，1987年）.

②安全の欲求

物理的な安全、経済的な安全などに基づく暮らしや、健康的な生活を得ようとする欲求。

③所属愛の欲求

自分がどこかに所属し、また他者と情緒的につながっており、他者に認められていると感じる欲求。この欲求が満たされないと、社会的不安や孤独感を感じ、うつ状態へとなる。

④自尊の欲求

所属集団から、自分の価値が認められ、尊敬されることを求める欲求。さらに、この段階は2つに分けられ、低次では他者からの尊重、名声や地位の獲得を求め、高次では自己尊重、技術能力や知識の習得を求める。つまり、低次では「他者からの評価」が重要であり、高次になると「自分自尊の評価」を重要視する。

⑤自己実現の欲求

自分が持つ能力や知識、可能性を最大限に発揮し、実現したいと思う欲求。

これらは低次から高次へと順に階層をなしているが、④自尊の欲求と⑤自己実現の欲求との間には大きな境がある。他の4つに対して、⑤自己実現の欲求は成長動機による欲求として区別できる。それは、外部から得るものではなく人々の内部にあるので内発的動機づけと呼ばれ、潜在的可能性を最大限に発揮し実現することを求める。

（2）医療従事者が持つ欲求

ここで、医療従事者が持つ欲求について考えてみたい。もちろん、労働者であるため、労働の対価としての金銭、つまり、給与を求める意味においては「安全の欲求」を抱く。また、自分がその医療機関に所属し、同僚とのなかで日々の仕事を行っていきたいと思うのは「所属愛の欲求」である。そうした集団において、自分自身の能力を同僚に認めてもらいたいと感じるのは「低次の自尊の欲求」である。多くの医療従事者は、仕事に就いたあとでも、最新の専門的な治療法を懸命に学んでいる。これは「高次の自尊の欲求」に該当する。さらに、医療従事者はこうした最新のより高度な知識や技術を、治療に用いていく。彼ら彼女らが医療従事者に就いた動機の根本には、患者を助けたいという強い思いがあり、その思いの実現のために日々の医療行為を行っている。まさに「自己実現の欲求」である。

7　内発的動機づけ

（1）デシの内発的動機づけ理論

先の欲求階層説で見たように、自己実現の欲求は最高次の欲求であり、内発的動機づけ

と呼ばれる。つまり、自分自身のなかから動機づけが行われている状態であり、これこそ企業が従業員に求める姿勢である。

デシ（1975）によると、内発的動機づけ理論とは、特別な報酬がないのにもかかわらず、その活動自体が目的となって満足（喜び）が引き出される状態をいう[9]。人々は行動により、自らの環境を処理し、効果的な変化を生み出すことができたとき、満足を実感する。

▌（2）医療機関における内発的動機づけ

企業における内発的動機づけの具体的な一例としてQC（Quality Control：品質管理）サークルを挙げることができる。ちなみに、製造における品質管理だけでなく、サービスやマネジメントなど全社的にQC活動を広げたものをTQC（Total Quality Control：全社的品質管理）と呼び、これが発展したものがTQM（Total Quality Management：総合的品質管理）である。

さて、QCサークルとは、職場内で品質管理活動を自主的に行う小さなグループのことで、全社的品質管理活動の一環として自己啓発、相互啓発を行い、QC手法を活用して職場の管理と改善を継続的に行っていく。QC活動は従業員による自主的な活動であり、経営者や管理者はその支援にとどまる。

医療界においても、医療の質やサービスの向上を目的に、さまざまな機関がQCサークル活動を行っている。こうした活動を行う際は、理事長や院長の指揮のもと、全職員が参加することが重要である。そのほうが士気を高めやすい。こうした活動を行おうとしても、職員がなかなか参加してくれない医療機関も多いことだろう。そうした医療機関では中途半端にしか活動が行われていない恐れがある。全職員にこうした活動の意図、目的などが浸透しているのか、もう一度確認すべきであろう。

▌8　X理論・Y理論

▌（1）マクレガーのX理論・Y理論

企業経営においては従業員を厳しく管理し、業績を上げようとする企業も多い。一方、従業員の士気を高めることに努め、業績を上げようとする企業も多い。どちらの企業のほうがよいのだろうか。

この問題を考える際にはマクレガー（1960）のX理論・Y理論が役に立つ[10]。X理論に

---

[9]　Deci, E.L.（1975）, Intrinsic Motivation, New York：Plenum Press（安藤延男・石田梅男訳『内発的動機づけ』誠信書房, 1980年）.
[10]　McGregor, D.（1960）, The Human Side of Enterprise, New York：McGraw-Hill（高橋達男訳『新版 企業の人間的側面』産業能率大学出版部, 1970年）.

よると、人間は労働を嫌い、できれば怠けたいと思うため、命令や処罰によってのみ働き、野心がなく安全を望む行動を選好する。この理論に基づけば、企業は従業員を厳しく管理し、それに逸脱した行為に対しては罰則を課すこととなる。まさに性悪説の考え方である。

　一方、Ｙ理論によると、人間は仕事に目標を立て、それに向かって努力し、満足を得る行動を選好する。この理論に基づけば、企業は従業員を厳しく管理するのではなく、やりがいのある仕事を与えたり、働きがいのある職場環境を提供することによって、従業員は自ら高い目標を掲げ、それに向かって努力するようになる。これは性善説の考え方である。

　そして、マクレガーは、Ｙ理論に基づいた経営を行っている企業のほうがよい業績を上げていると結論づけている。

　先に述べたマズローの欲求階層説では、「生理的欲求」と「安全の欲求」がＸ理論に該当し、「所属愛の欲求」「自尊の欲求」「自己実現の欲求」がＹ理論に該当する。

■（2）医療従事者はＹ理論が当てはまる

　医療従事者の場合、多くは患者を助けたいという強い欲求を持っており、Ｙ理論が当てはまる。そのため、医療機関は職員を官僚的に統治したり、彼らの業務を細かく規制するよりも、権限を委譲し任せたほうがよい。

9　権限委譲

■（1）従業員のやる気を引き出す仕組み

　大学病院と民間の医療機関とでは権限の所有に大きな違いがある。たとえば、大学病院では教授に権限が集中し、その下に准教授、助教、助手、大学院生といった身分の人間が就いている。一方、民間の医療機関では病院によってその度合いは異なるものの、診療科内での上下関係は相対的に弱い。つまり、権限が委譲されている。

　権限委譲（エンパワーメント）とは、従業員のやる気を引き出すような仕組みをつくることである。たとえば、トップが経営目標を揚げるに留め、それに対する具体的な戦略は従業員に任せる、つまり従業員が自ら考えるようにさせることである。換言すれば、抽象的なことだけを提示して、具体的な内容は従業員が考える。その際の仕組みづくりとして重要なことは、従業員の活動をトップが支援することである。これは先のＹ理論に基づく考え方であり、Ｘ理論に基づく従業員の管理とは対照的である。

■（2）リッツ・カールトンの権限移譲

　権限移譲の事例として、よく取り上げられるのはリッツ・カールトン（正式名称はザ・リッツ・カールトン・ホテルカンパニー）である。リッツ・カールトンでは顧客満足を企業命題に掲げている。そして、顧客満足を向上させるためには、迅速な判断が不可欠であると考え、従業員は顧客サービスにおいていちいち上司の許可を得る必要がない。具体的なルールとしては、従業員それぞれに2,000ドルまでの権限が与えられているため、従業員は自分の判断でその経費を顧客サービスとして使うことができる。

■（3）患者と接する職員に権限を委譲する

　医療機関ではどうだろうか。金銭的なことに限らず、権限は委譲されているだろうか。確かに、医師や看護師には治療に関するかなりの権限が移譲されていると言えるだろう。では、受付や案内係の職員はどうだろうか。多くの医療機関ではこれらの職員に対する権限はほとんど委譲されていないのではないだろうか。しかし、患者はこれらの職員と、病院に入って来たときと出て行くときには必ず接することとなる。つまり、受付や案内係などの職員は、患者が最初と最後に会う人物なのである。

　消費者がレストランに行くのと異なり、患者が医療機関に行く際には健康状態を害しているため、負の気分となっている。そのようなときに、患者が職員に質問をして「私では答えられない。上司の判断が必要です」と言われたら、ただでさえイライラしているため、患者の怒りは倍増してしまう。もっとも、上司の判断が必要な場合もあろう。しかし、さほど重要でない場合には、患者に接する職員に権限を与えておくことが必要である。

　最初の対応が迅速で、かつ個客対応がなされていると感じられると、それ以降の患者の評価基準が緩くなるのは言うまでもない。これは、患者が帰る際にも言える。その際に職員の対応がよいと感じると、患者は気持ちよく帰ることできる。たとえ、それまでの評価がさほどよくなかったとしても、最後によい対応を受ければ、患者の医療機関に対する総合評価は高まる。

　つまり、患者満足には特に最初と最後が重要であるため、その最初と最後に接する職員に権限を委譲しておくことは、医療機関の組織マネジメントにおいてきわめて重要である。

医療機関と患者とのリレーションシップ（関係性）の構築について、次の選択肢のうち誤っているものを1つ選べ。

〔選択肢〕

①満足度の高い患者は病院のよい評判を周囲に伝えてくれるため、患者とのリレーションシップの構築は不可欠である。

②患者に継続して通院してもらうためには信頼関係の構築が重要である。

③患者の満足が高まるのは、患者が考えていた医療サービスと同等のサービスを医療機関が提供したときである。

④患者が医療機関に通うときは不安に陥っており、医師や医療機関に対して不信感を抱きやすいため、良好なリレーションシップを築くことは難しい。

⑤患者とのリレーションシップを高めるために、医師は患者の現在の症状、考えられる限りの治療法、その際のメリット・デメリットをわかりやすく、患者に説明しなければならない。

確認問題

解答 1

③

解説 1

　患者とのリレーションシップを高めるには、まず患者満足を高めなければならない。そのためには患者の期待以上の医療サービスを提供しなければならない。

①○：満足度の高い患者は口コミでよい評判を流してくれるので重要である。

②○：信頼関係の構築は重要であり、医療の質の向上につながる。

③×：患者の事前期待以上の価値を提供しなければ、患者は満足しない。

④○：患者が医療機関に通うときはワクワクした気持ちではなく、不安を感じているときであることを意識しなければならない。

⑤○：専門用語を並べたり、「この治療法しかありません」と頭ごなしに伝える方法では、患者との信頼関係は構築されない。

問題2 職員の満足度を測定する際に効果的な方法について、次の選択肢のうち適切なものを１つ選べ。

〔選択肢〕

①診療部長が、同じ部内の医師を面談(インタビュー)する。

②診療部長が、さほど面識のない看護師を面談(インタビュー)する。

③アンケートを行い、誰が回答したのかがわかるように名前を記入してもらう。

④アンケートを行い、誰が回答したのかがわからないように名前を記入してもらわない。

⑤専門家である外部機関に調査のすべてを任せ、院内の人間は誰も関与しないようにする。

解答
2

④

解説
2

　職員の満足度を測定することは、離職率の低減などに役立つため、医療機関にとってとても重要である。

①×：面接対象者の医師は、満足を伝えることは容易だが、不満を面と向かっては言いづらい。また、彼ら彼女らは不満を言ったあと、自らの処遇が悪くなってしまうリスクを考え、本音を言うことを控えてしまう。そのため、面談調査は満足度を知りたいときには有効でない。

②×：①と同様である。さほど面識がなくても、面と向かっての不満は言いづらく、自らの処遇が悪くなるリスクを考え、本音を控える。

③×：誰がどの回答をしたのか、経営者側は知りたいところであるが、記名式で回答者の本音を聞き出すことは不可能である。

④○：無記名式であれば、回答者は不満を伝えやすい。アンケート用紙に自由回答欄を設け、回答者に自由に意見などを記入してもらえるようにするとよい。

⑤×：病院の医師や事務職員(医療経営を担うスタッフなど)と外部機関とが共同で調査を行うことは有効であるが、丸投げしてしまうと、病院にとってほしいデータを入手できないことが多い。

問題
3

マズローの欲求階層（段階）説における５つの欲求を低次から高次へ順に並べた場合、次の選択肢のうち正しいものを１つ選べ。

〔選択肢〕

①安全の欲求→生理的欲求→自尊の欲求→自己実現の欲求→所属愛の欲求

②生理的欲求→安全の欲求→所属愛の欲求→自尊の欲求→自己実現の欲求

③自尊の欲求→生理的欲求→安全の欲求→所属愛の欲求→自己実現の欲求

④安全の欲求→所属愛の欲求→生理的欲求→自己実現の欲求→自尊の欲求

⑤生理的欲求→安全の欲求→自尊の欲求→自己実現の欲求→所属愛の欲求

解答
3

②

解説
3

　職員の動機づけはより質の高い医療を提供するために不可欠である。最も高次の自己実現の欲求は内発的動機づけと呼ばれる。

　「生理的欲求」とは、人間が生きていくために必要な食欲や睡眠欲などの欲求であり、職員にとって仕事だけにとどまらない人としての基本的な欲求である。
　「安全の欲求」とは、文字通りの職場環境の安全さに加え、職員が生活を送るうえでの安全さである給与や雇用の維持に関する欲求が該当する。
　「所属愛の欲求」とは、自分がその医療機関の一員として、仕事を務めていきたいと感ずる欲求が該当する。
　「自尊の欲求」とは、自分自身の能力を同僚に認めてもらいたいと願ったり、最新の専門的な治療法を懸命に学びたいとする欲求が該当する。
　「自己実現の欲求」とは、その職業に就いた動機の根本は「患者を助けたい」という強い思いであり、その思いを実現したい欲求が該当する。
　以上から、②が正解である。

マクレガーのＸ理論・Ｙ理論について、次の選択肢のうち適切なものを２つ選べ。

〔選択肢〕

①Ｘ理論によると、医療従事者は仕事に目標を立て、それに向かって努力し、満足を得る行動を選好する。そのため、理事長や病院長は医療従事者を厳しく管理・監督する必要はない。

②Ｘ理論によると、医療従事者は労働を嫌い、できれば怠けたいと思うため、命令か処罰によってのみ働き、安全を望む行動を選好する。そのため、理事長や病院長は医療従事者を厳しく管理・監督すべきである。

③Ｘ理論によると、医療従事者は労働を嫌い、できれば怠けたいと思うため、命令か処罰によってのみ働き、安全を望む行動を選好する。しかし、働きがいのある職場環境を提供することによって、医療従事者は自ら高い目標を掲げ、それに向かって努力するようになる。

④Ｙ理論によると、医療従事者は労働を嫌い、できれば怠けたいと思うため、命令か処罰によってのみ働き、安全を望む行動を選好する。そのため、理事長や病院長は医療従事者を厳しく管理・監督すべきである。

⑤Ｙ理論によると、医療従事者は仕事に目標を立て、それに向かって努力し、満足を得る行動を選好する。そのため、働きがいのある職場環境を提供することによって、医療従事者は自ら高い目標を掲げ、それに向かって努力するようになる。

解答
4

②、⑤

解説
4

　職員を厳しく管理するべきなのか、職員の士気を高めることに努めるべきなのかは、マクレガーのX理論・Y理論に基づいて考えることができる。ここでの正解は②と⑤になるが、医療従事者の場合、多くは患者を助けたいという強い欲求を持っているため、⑤のY理論が当てはまる。②のX理論が当てはまるようでは、医療機関としてよい組織とは言えない。

①×：X理論に基づくと、医療従事者は仕事に目標を立てることなく、怠けたいと考えるため、厳しく管理・監督する必要がある。

②○：X理論に基づくと、正しい。しかし、医療機関としてよい組織とは言えず、このような医療機関はきわめて少ないであろう。

③×：X理論では、厳しく管理・監督することとなる。これも多くの医療機関にとって当てはまらないであろう。

④×：Y理論では、医療従事者は仕事に目標を立て、それに向かって努力し、満足を得る行動を選考する。

⑤○：Y理論に基づくと、正しい。実際、多くの医療機関はこのようであろう。

第5章

医療連携における組織改革

1 地域医療連携の推進

1　地域医療連携の実際

　1990年頃から、厚生労働省の医療政策に関する特徴の1つに地域医療連携の推進があった。特に地域中核病院において、病院内のポスターやホームページで地域医療連携の遂行を示しているところが多い。

　地域医療連携では医療機関同士による連携、医療機関と福祉サービス機関との連携、医療機関と在宅医療サービス機関との連携など、医療機関はいくつかの業態の機関と同時並行的に連携を進めていかなければならない。これらは関係性の構築という意味においては共通しているが、それぞれ連携の目的や機関の特色が異なるため、個々に分けて議論したほうがよい部分もある。ここでは、特に医療機関同士による連携を想定して解説していく。

2　円滑な連携に向けた組織改革

　医療機関が他の医療機関と連携を推進させるためには、連携先機関との関係性構築が重要であるが、その前提として患者との関係性、職員との関係性、さらには地域住民との関係性を同時に構築していく必要がある。なぜなら、これらはバランスの上に成り立っているため、どれか1つの関係性が崩れてしまえば、他の関係性も崩れてしまうからである。

　そこで本章では、医療連携を円滑に進めるために組織をどのように改革していけばよいのかについて、まず第2節では医療連携の概要やその必要性を述べ、第3節では戦略的アライアンス、第4節ではネットワークの視点から医療連携を捉えていく。

② 医療連携の概要

1　医療連携とは

　医療連携とは、地域の医療機関が当該施設の実情や地域の医療状況に応じて、病院と病院、病院と診療所、診療所と診療所のような形で連携を図ることである。医療の機能分担や専門化を推進し、各機関の有する資源を有効活用することにより、住民が地域内で継続性のある適切な医療を受けられるようにするのが主な目的である。

　1990（平成2）年に厚生省（現・厚生労働省）により地域医療連携のガイドラインが提示され、「医療連携推進モデル事業」が計画された。それは、①開放型病院と地域の開業医（病院、診療所）が連携し、入院などに関する連絡調整を行う、②地域の基幹病院と開業医とが連携し、高度医療機器などを共同利用する、③研修、症例検討会を通じて医師の生涯教育を実施する、④保健医療情報の収集と提供を行う――などを目的に都道府県や医師会へ委託して医療連携を推進する取り組みである。全国各地で地域の基幹病院と周辺の医療機関との連携が行われており、それぞれ形式は異なるが、一般的な形は**図表5-1**にまとめられる。

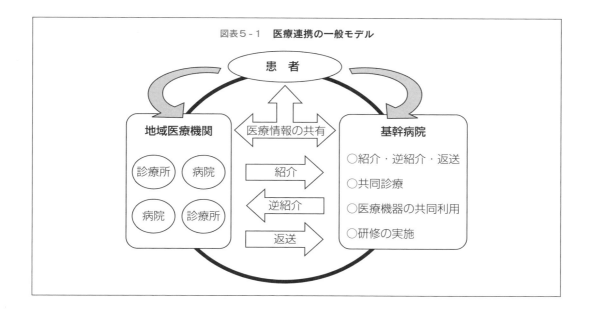

図表5-1　**医療連携の一般モデル**

2　医療連携のさらなる推進に向けて

　1990年の医療連携推進モデル事業以降の代表的な政策としては、地域医療連携推進法人制度と地域医療情報連携ネットワークとがある。

　まず、地域医療連携推進法人制度とは、地域において良質かつ適切な医療を効率的に提供することを目的とし、2017（平成29）年に始められた。これにより、医療機関相互間の機能分担および業務の連携を推進し、地域医療構想を達成するための1つの選択肢として新たな法人（一般社団法人）を都道府県知事が認定することができるようになった。複数の医療機関がその法人に参画することにより、競争よりも協調を進め、地域において質が高く効率的な医療提供体制を確保することを目指した制度である。

　また、地域医療情報連携ネットワークとは、情報通信技術（ICT）を活用することで、医療機関や薬局、訪問看護事業者、訪問介護事業者等の各関係機関において、患者の医療や介護に関する情報（患者の基本情報、処方データ、検査データ、画像データなど）を電子的に閲覧、共有できるようにするものである。厚生労働省による「地域における医療及び介護を総合的に確保するための基本的な方針」において、質の高い医療体制および地域包括ケアシステムの構築のためには、医療・介護サービス提供者も含めた関係者間での適時適切な情報共有が不可欠であり、そのためには情報通信技術（ICT）の活用が有効な手段であるとされている。医療連携においてはもちろんのこと、ある医療機関に通院していた患者が他の医療機関に通院した場合、その患者の過去、あるいは現在進行形の診療情報を閲覧できたほうが、正確な情報に基づいた適切な治療を行うことが可能になる。

　しかし、厚生労働省の「電子カルテシステム等の普及状況の推移」によれば、2017（平成29）年時点における電子カルテの普及状況は一般診療所で41.6％、一般病院で46.7％と半数以下になっており、電子カルテの普及が早急な課題である。また、情報通信技術（ICT）の活用方法は多様化するとともに、互換性がないといった課題もある。

3　医療連携のメリット

　武藤（2001）は短期、中長期に分けて医療連携のメリットを記している[1]。まず短期的には、紹介率のアップによって、診療報酬上の各種加算要件をクリアでき、診療収入を増加させることができる。そして中長期的には、すべての診療科、専門医、医療機器、薬を装備したフルセット経営を病院が行うには経営負担や資本リスクが大きいため、地域内で関連する医療施設や機能を分担したネットワーク経営を行うことにより、経営負担を軽減することができる。

＊1　武藤正樹（2001）「医療連携総論」『新たな医療連携の実践』じほう，pp.3-14.

　さらに、病院ではなく医療の視点から見た目的として、保険医療施設の機能分担と専門分化の促進によって、地域におけるそれぞれの施設でその機能特性に応じた技術の集積が起こり、医療の質が地域全体で上がるメリットを指摘している。手術件数と合併症発生率との間にマイナスの相関関係がある病気の場合、診療所は紹介を行う際、手術件数が多く施設の整った病院を選別することとなる。つまり、地域ネットワークのなかで市場メカニズムが働き、評価を受けた病院には症例が集積し、さらなる技術向上を図ることが可能となり、医療の質も向上する。一方、患者が紹介元の診療所に帰りたがらないなど、逆紹介の際に診療所も評価や選別が行われる。こうした医療連携ネットワークを通じた評価と選別が当該地域における医療の質向上につながり、患者メリットにつながっていく。

　上記のようなメリットから、医療連携の推進に意識を高める医療機関が増加しており、数のうえでは紹介・逆紹介の連携が行われ、浸透していると言える。しかし、本当に効果的な連携が行われているかと問われれば、それに回答することは難しい。

3 戦略的アライアンスの視点から見た医療連携

1 戦略的アライアンスとは

(1) 経営学における戦略的アライアンス

医療連携は、院内に医療連携室をつくったら終わりではなく、医師などの医療スタッフ間のアライアンス関係を構築する必要がある。経営学では「戦略的アライアンス」の理論があるので、その視点から解説していく。

戦略的アライアンスとは、互いに独立した2つ以上の企業（組織）が共通の目的を達成するために、緩やかに築く協調関係のことである。その目的は開発・生産・販売など企業活動におけるコストの圧縮、自社が欠如する能力の獲得、新製品開発期間の短縮、規模の経済性の追求、異質なものの組み合わせによる相乗効果、第三者の市場参入阻止など、多岐に及んでいる。

1980年代半ばまでのアライアンスでは、経営資源（ヒト・モノ・カネ・情報・知識・スキル）に優れた企業が、そうでない企業を補完する関係にあった。そのため、両者の間には支配・被支配の関係が生じていた。こうしたアライアンス関係は現在も残っているが、1980年代後半より増加傾向にあるのは、経営資源に優れた企業同士によるアライアンスであり、短所の補完ではなく、長所を提供し合い、互いの企業価値を高めていくことを目的とする。こうした関係を「戦略的アライアンス」と呼ぶ。

戦略的アライアンスでは対等な協調関係を前提としており、それは企業の大きさには関係しない。たとえば、大規模な製薬企業と小規模なバイオ・ベンチャーとのアライアンスを考えればわかりやすい。両者の企業規模、有形の経営資源、ブランド力には雲泥の差があるが、バイオ・ベンチャーが卓越した情報・知識・スキルといった無形の経営資源を有するときには対等の関係を築くことができる。

同様に、地域医療連携でも地域の中核病院と診療所との間には有形の経営資源に関して大きな差があるが、診療所が患者や地域住民の情報などを持つことにより、中核病院と対等の関係を築くことができる。

▌(2)戦略的アライアンスのタイプ

　企業間における戦略的アライアンスのタイプは次の4つの関係がある（図表5-2）。

①売り手企業や買い手企業とのアライアンス

　1つ目は、売り手企業や買い手企業とのアライアンスである。この関係は競合関係になく、互いに相乗効果をもたらすことが多いため、促進されやすい。たとえば、自動車業界におけるトヨタなどの組立メーカーと下請けである部品メーカーとのアライアンスでは長期にわたって良好な関係が構築されている。また、近年増加しているのは、創薬ベンチャーと製薬企業とのアライアンスである。創薬ベンチャーは新薬の候補物質の売り手、製薬企業は候補物質の買い手となることが多い。ライセンシング、共同研究、資金援助など、その形態はさまざまであるが、新薬開発に向けてたくさんのアライアンスが実行されてる。

②関連のない企業とのアライアンス

　2つ目は、異なる業界に属し、通常のビジネスでは接点のない製品・サービスを顧客に提供する企業同士によるアライアンスである（図表5-2では「関連のない企業」と表記）。たとえば、ショッピングセンターとそのなかに入っている歯科診療所との関係である。それぞれまったく異なるサービスを提供しているが、顧客は1か所でさまざまなサービスを受けることができるため、利便性という共通した価値の提供により、協調関係を結ぶことができる。

③業界他社とのアライアンス

　3つ目は、同じ業界に属するがライバル関係にない企業同士によるアライアンスである。たとえば、大企業がニッチ企業と組むケースや、高機能製品を扱うメーカーが低価格を売

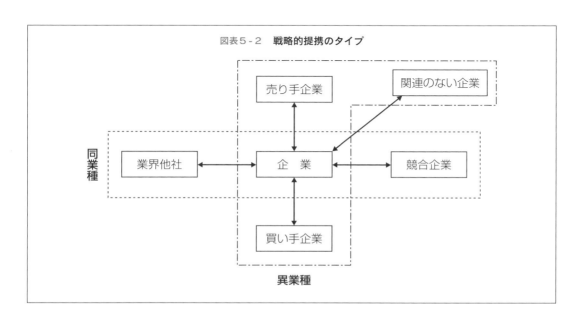

図表5-2　戦略的提携のタイプ

りにするメーカーと組むケースである。こちらも、両者は異なる市場を狙うため、競合関係になく、比較的協調しやすい。

④競合企業とのアライアンス

4つ目は、同じ業界に属し、かつライバル関係にある企業同士によるアライアンスである。このアライアンスはターゲットとして狙う市場が同一のため、一般に協調関係を結ぶことは難しいが、近年このタイプのアライアンスが増加傾向にある。たとえば、自動車業界におけるトヨタとマツダ、日産とルノーとのアライアンスでは、両者は互いに組織学習の関係にあるため、アライアンスは長期間に及んでいる。

(3)医療連携のタイプ

さて、ここで戦略的アライアンスの視点から医療連携について考えてみたい。医療機関と福祉サービス機関との連携は①のアライアンス関係に該当する。この場合、業界が異なると法規制や常識が大きく異なることもあるため、連携を円滑に進めるためには、互いに置かれている状況を理解し合う必要がある。

そして、医療機関同士の連携は③あるいは④の関係に該当する。③の関係は急性期・回復期・慢性期といった異なる段階の治療を施す医療機関同士の連携である。患者の入院期間は14日以内、90日以内といった診療報酬上の日数の目安があり、患者を次の段階の医療機関に渡さなければならないため、各医療機関は協調関係を結びやすい。こうした連携は政策的に機能分化が推進されている現在、より頻繁に行われている。しかし、時には患者が紹介先医療機関に転院するのを好ましく思わない場合もあるため、患者とのリレーションシップ構築が重要となり、速やかに患者情報を次の医療機関に伝え、患者の不安を取り除く必要がある。

④の関係となるのは、患者がある病気ではA病院（あるいは診療所）に通い、次に同じ病気にかかったときにはB病院に通う場合が考えられる。このとき、B病院で最初から検査をやり直すのは経済的にも、患者満足の視点からも好ましくない。この場合、B病院はA病院に患者情報の提供を求めることとなる。患者が異なる病院に通院するのはA病院に不満を持っているからだけではなく、患者の気まぐれ、あるいは時間的都合によるものだったりするため、A病院は快く情報提供する姿勢が望まれる。

いずれにおいても、医療連携では連携先医療機関と緊密なコミュニケーションをとり、互いの信頼関係を高める必要がある。

2　信頼構築の必要性

（1）患者を中心とした三者間の信頼関係

　戦略的アライアンスにおいては、別組織の人間と協働で仕事を行っていくため、信頼関係の構築が必要となる。そして、その信頼関係の構築は、チーム医療など組織内における信頼関係の構築よりも難しい。

　信頼に関する議論は社会学や心理学の分野で多数の蓄積があり、それらは経営学やマーケティングの分野にも応用されている。戦略的アライアンスには信頼関係の構築が不可欠であり、さまざまな研究者が信頼のメリットについて論じている。具体的には、不確実性の低減、企業間取引コストの低減、学習の促進、コミュニケーションの活性化により関係が安定・発展的になること、企業間のすり合わせや暗黙知の共有などが可能となることが指摘されている。こうしたメリットは医療連携においても同様であろう。

　医療連携が企業間アライアンスと異なるのはその関係のあり方である。１つは、医療連携は企業間アライアンスのような二者間の問題ではなく、関係の中心に患者が存在する形態となることだ（図表５-３）。そのため、三者によるトライアングル状の信頼を構築しなければならず、企業間アライアンス以上に、医療連携では医療機関同士のコミュニケーションを質・量ともに高めていかなければならない。もう１つは、企業間アライアンスが継続的な関係であるのに対して、医療連携は断続的な関係にあることだ。つまり、医療連携を行っているからといって、毎日患者の受け渡しをしているわけではない。そのため、直接的なつながりがなくとも、患者の受け渡しを行う際に戸惑うことがないよう、常日頃からコミュニケーションをとり合うことが重要である。中核病院が地域の診療所の医師や看護師を集めて勉強会を開催することは、互いの交流のよい機会となる。

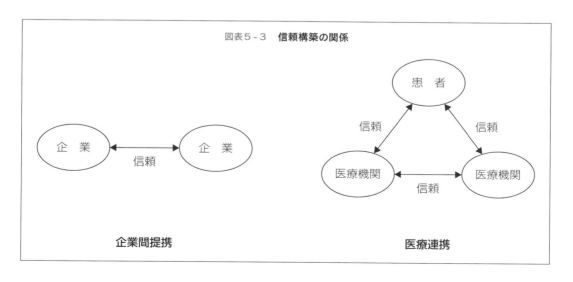

図表５-３　信頼構築の関係

▌(2)強い信頼関係を構築するために

　もともと別の組織に属する人間が共同で何か1つのことを行うには両者の間に信頼関係が構築されていることが望ましい。アライアンス関係の発展には相互信頼の構築が不可欠であり、相手の信頼を得るためには、まず自分が相手を信じなければならない。そのためには、相手の意図と能力に対する知覚が必要となる。そこで、どのような信頼構築が望ましいかについて解説する。

　先述したように、信頼研究では信頼を細分化して捉えることが多い。第2章では社会心理学における山岸（1998）を引用したが、ここでは経営学における酒向（1998）をもとに考えていく[*2]。酒向は信頼を次の3つに区分している。

①能力に対する信頼
　取引パートナーが技術力や経営能力によってその役割を十分に果たすという期待から生ずる信頼。

②約束遵守の信頼
　約束を守るという普遍的な倫理基準を維持させるという意味での信頼。

③善意に基づく信頼
　ある特定の範囲の要求に敏感に対応するだけでなく、それ以外の部分にも対応することにより生まれる信頼。

　①と②はアライアンス締結時に予測できる相手の価値に基づいているが、③は実際にアライアンスが遂行される過程で、相手が約束以上のことをしてくれたときに生ずるものであるため、より高次元であり、この信頼が構築されたときにアライアンス関係がより強固なものとなる。

▌(3)医療連携における信頼構築

　医療連携においては、その地域の医療機関とアライアンスするため、相手の能力は評判や学会活動などですでにわかっていることが多い。よって、事前の能力評価はさほど難しくなく、それ以上のことを相手が行ったときに、「能力に対する信頼」が深まる。医療連携では、企業間取引における分厚い約定書のようなものが存在せず、口頭、あるいは簡易な書類でもって連携が行われることが多い。事前の約束が公式的でなく明確でないこともあるが、互いに暗黙的な共通認識を持っているため、それを相手が守ってくれたときに「約

＊2　酒向真理（1998）「日本のサプライヤー関係における信頼の役割」『サプライヤーシステム　新しい企業間関係を創る』藤本隆宏・西口敏宏・伊藤秀史編，有斐閣，pp.91-118.

束遵守の信頼」が深まる。

　医療連携が企業間アライアンスと比べて難しいのは「善意に基づく信頼」の構築かもしれない。その理由として、事前約束が不明瞭であることと、関係が断続的であることが挙げられる。ある医療機関が相手のことを考え、必要以上のことを行ったとしても、相手の医療機関はそれを当然のこととして見過ごしたり、あるいは迷惑な行為として捉えてしまうかもしれない。そのためにも、適宜コミュニケーションをとり、互いの認識をすり合わせていく必要がある。

　もう1つ、関係の断続性に関して言えば、ある診療所が近隣病院に患者を紹介する機会は1回限りかもしれない。二者間の関係は経済学の囚人のジレンマ理論を用いて議論されている。囚人のジレンマ理論によると、二者の協調関係が繰り返し継続されるときには、両者が協調する確率はきわめて高くなるが、二者が1回限りの協調を行うときには、両者は協調せずに相手を裏切ってしまう。この考え方に基づけば、頻繁に患者の紹介・逆紹介を行っている関係の場合には協調性が高まり、つまり信頼関係も構築されていくが、患者の紹介・逆紹介が1回限りで終わってしまうと予測される場合には、互いに利己的となり、協調性は高まらず、信頼関係も構築されないことになってしまう。

　これを阻止する手段は、二者のみの関係ではなく、地域のたくさんの医療機関が参加するネットワークを築くことである。なぜなら、多数の第三者が監視することにより、非協力的な行動をとるリスクが増大するため、誰も利己的とならないからである。このため、ネットワークにおけるコミュニケーションが重要となる。

3 連携先医療機関とのリレーションシップ構築に向けて

　企業間アライアンスと比較すると、医療連携の特徴として関係の断続性が指摘される。企業間アライアンスで最も密な関係は"ケイレツ（トヨタ自動車と下請業者との関係）"だが、それと比べると医療連携はかなり希薄な関係と言うことができる。しかし、これにはメリットもある。いつも同じ相手と連携する必要がなく、患者の病状や利便性を考慮し、さまざまな連携先医療機関と連携を行うことが可能となるからである。そのため、二者間の連携が何本か存在する関係ではなく、地域の多数の医療機関と総合的なネットワークを構築し、1人の患者を地域ネットワーク全体で診ていく形態が望ましい。そうしたなかで、医療機器の相互活用など、より効果・効率的なシステムを構築していけば経済的でもある。

ネットワークの視点から見た医療連携

1　ネットワークとは

（1）ネットワークにおける点と線

　戦略的アライアンスは合併と比べると緩やかな組織間関係であり、医療連携を的確に表現することができる。この戦略的アライアンスは特定の医療機関間の関係に着目する場合に適しているが、地域の医療機関すべてに着目して論じる際には地域のネットワーク全体で捉えたほうが望ましい。

　ネットワークを学問的に考える際には、ネットワークの点（ネットワークに関与する人、組織、企業などで「ノード」と呼ばれる）と線（そうした者たちの関係で「つながり」と呼ばれる）に目が向けられる。これまでの研究では参加者の数について議論されることが多かったが、適切な参加者の数はその時々の状況に影響され、絶対的な数があるわけではない。

（2）医療連携では開放的なネットワークが望ましい

　ネットワークは、かつてのアナログ式コミュニケーションでは1対1で行われていたため、そこに属する人の数にも限界があった。しかし、情報技術の発達した現在においては1対無数のコミュニケーションや、知らない者同士のコミュニケーションも可能となったため、参加者の数よりも、つながりの深さや、ネットワークが閉鎖的であるか開放的であるかに関する議論のほうが有益となった。

　結びつきは経営学では紐帯（tie）と表現されるが、紐帯の強さには対照的な考え方がある。1つは強い紐帯を支持する考え方であり、特定の少数メンバーと常に緊密なコミュニケーションを保つことが望ましいという主張である。閉鎖的なネットワークを設け、メンバーを固定したほうが、信頼関係が高まり、価値や暗黙的な知識の共有が促進されるという指摘である。もう1つは弱い紐帯を支持する考え方であり、特定のメンバーだけでなく、メンバー以外の他者とも幅広くコミュニケーションをとったほうがよいという主張である。メンバーが固定化されると情報が偏ってしまうので、メンバー以外の第三者とのコミュニケーション機会を持つことにより、情報を偏らさず、新しく付加的な情報を得ることも

できると指摘されている。

どちらの紐帯においてもメリット、デメリットがあり、一概にどちらがよいと言うことはできないが、ネットワーク組織やメンバーが置かれる状況により、紐帯の強弱を変えて行うことが望ましい。

こうした議論は、ネットワークに属する個人や企業に関するものだが、それを医療連携ネットワークに属する医療機関に置き換えることもできよう。その場合、医療連携では後者の開放的なネットワーク(弱い紐帯)のほうが望ましい。なぜなら、関係が緩いほうが相手の能力評価や監視を冷静に行うことができるからである。さらに、医療連携は企業間関係と比べると、圧倒的に緩い関係であり、その時々の状況により適切なパートナーが変化するからである。たとえば、ある診療所が患者を送り出す場合、患者の疾患により相手先の受け入れ病院は異なるため、同時並行的にいくつかの病院と医療連携を結ぶ必要がある。よって、縛りのない自由なネットワークが望ましい。

▌(3)ネットワークにおけるパワー関係

戦略的アライアンスと同様に、ネットワークは企業(組織)間のパワー関係から生じた形態である。ヒト・モノ・カネ・情報といった経営資源に長けた企業が、そうでない企業に資源を援助していた。つまり、支配、被支配のパワー関係が存在していた。

製造業に見られるように、組立メーカーが部品メーカーに対してパワーを行使できているのであれば、組立メーカーは部品メーカーをM&A(合併・買収)する必要がなく、自社を中心に多数の部品メーカーがネットワークによりつながっている構造が最適である。

こうした企業間ネットワークでは多くの場合、組立メーカーのほうが優位に立つが、反対に部品メーカーが優位に立つこともある。それには2つのケースが考えられる。1つは部品の稀少性が高い場合であり、組立メーカーはどうすることもできない。もう1つは組立メーカーが部品メーカーを1社のみに限定してしまった場合であり、取引先を複数に増やすことによって回避が可能である。これは次のように説明される。

組立メーカーが部品を発注する際に1社の部品メーカーに発注したほうが取引の面ではコストを節約することができる。部品メーカーにとっても大量に製造したほうが規模の経済性が利くため、部品価格の低減(組立メーカーから見れば購入価格の低減)につながる。しかし、その部品メーカーに依存することとなり、パワー関係が生じてしまうので、組立メーカーは複数の部品メーカーから部品を購入することが一般的である。

このように企業間ネットワークにおいては、自社が相手よりパワーを持つこと、あるいは相手にパワーを持たせないようにすることが、企業が優位に立つために重要であった。こうしたパワーによるネットワークは補完が必要な場合など、現在においても多数構築されているが、1980年代後半より増加しているのは対等なネットワーク関係である。

▌（4）対等なネットワーク関係

　両者が異なる経営資源を持っているときに生ずるのが対等なネットワーク関係である。これはカップラーメンの新製品開発に代表される製販同盟を思い浮かべるとわかりやすい。顧客情報を持ったコンビニとカップラーメンの製造技術を持ったメーカーが手を組み、コンビニ限定の画期的な新製品を開発している。このように、異業種間で競合関係にないほうが手を組みやすいが、同業種間でもネットワークを構築することができる。たとえば、家電業界におけるコンソーシアムである。

　コンソーシアムとは、新製品を開発する際、複数の企業が連合を組んで、規格の統一を事前に行うことである。規格が乱立する現在においては、この戦略は企業にとっても消費者にとっても有効となる。DVD市場におけるブルーレイ規格とHD DVD規格のように、同一市場内に2つの大きな陣営が存在してしまうと、負けた規格に参加した企業、顧客ともに被害を受けてしまう。

　新型コロナウイルス感染症の治療薬開発においても、企業によって得意な分野や蓄積している知識が異なるため、候補物質を持つ企業だけでなく、感染症に長けた企業などがコンソーシアム的に集まった。各企業の知識を寄せ合って早期に有効な薬を開発することが望まれていたからである。

　2　医療連携ネットワーク

▌（1）連携機関同士のパワー関係

　同一地域に2つの医療連携ネットワークが存在した場合、患者がどちらか一方のネットワークのみに集中し、もう一方のネットワークの医療機関には患者がまったく行かないとすれば、後者のネットワークに参加する医療機関は経営難に陥ってしまう。しかし、それは究極的な場合であり、両者の医療サービスにさほど大きな違いがなければ、2つの医療連携ネットワークとも存続することができる。つまり、先述したDVD市場の事例とは異なり、医療連携においてはネットワークが複数共存することは可能である。

　それでは、ネットワークに参加する医療機関にパワー関係があったほうがよいのだろうか。あるいは対等であったほうがよいのだろうか。ここでの最適解は、対等を前提としつつ、ある程度のパワー関係を兼ね備えた形態であろう。地域の中核病院と診療所とを比較した場合、両者の間にはヒト・モノ・カネ・情報とすべての経営資源にわたって圧倒的な差が存在していることが多い。そのため、ある程度のパワー関係が生じてしまう可能性は否定できない。しかし、診療所は中核病院にできる限り依存することなく、患者情報に関しては自分のほうが詳しい、あるいは患者との長期にわたった友好的関係では優れている

といった自負を持つ必要がある。また、中核病院も支配ではなく、支援に心がけなければならない。

（2）コミュケーションができる場の創出

　実際、地域の診療所の医師や看護師などを集めた勉強会・研修会などを開いている中核病院も多い。こうした集まりにより、中核病院と複数の診療所のコミュニケーション機会が増えるだけでなく、そこに参加する診療所間のコミュニケーション機会も増えることとなる。コミュニケーションは情報の交換だけなく、新しい知識の創造や信頼促進につながるため、ネットワーク自体が有用な資源ともなっていく。そのため、コミュニケーションのできる場は医療連携ネットワークにとって重要である。そして、この場を築くことができるのは診療所でなく中核病院のため、中核病院がリーダーシップをとって働きかけを行わなければならない。

　その際は、コミュニケーションの双方向性の確保に努める必要がある。それは学習の視点から説明できる。**図表２-11**（27ページ参照）の医師と看護師との関係で説明したことは、X病院とY診療所との関係に置き換えても同様のことが言える。Y診療所がX病院に依存する関係にあり、コミュニケーションが一方向でしかない関係よりも、両者が支配関係になく、双方向のコミュニケーションが自由に行われている形態のほうがネットワーク・メンバー全員にとって深い知識と情報を学習・共有できる環境と言える。

3　ゲートキーパー

（1）ゲートキーパーの役割

　経営学では、企業間コミュニケーションにおけるゲートキーパー（境界連結担当者）の重要性が指摘されている。ゲートキーパーとは自社メンバーの情報を集約してそれを相手企業に伝達するとともに、相手企業から情報を収集してそれを自社メンバーに伝達する役割の人物のことである。

　医療連携では、担当医師間で情報のやりとりを行うことが多く、個人的なコミュニケーションとなりがちである。もちろん、この場合においても両者の間に信頼関係が構築される。病診連携においては診療所の医師が１人だけのことが多いため、個人間コミュニケーションが中心となるが、病病連携においては互いの医師や看護師の数が多いため、個人間コミュニケーションと同時に、組織的なコミュニケーションの構築も重要となる。たとえば、担当医師以外にも、院長や診療部長、看護師長、さらには医療連携室同士のコミュニケーションである。

　このように医療連携ネットワークでは、ゲートキーパーを中心としつつも、彼らだけに頼らず、すべての医療スタッフが頻繁な相互連絡をとり、技術的な勉強会・研究会などの機会に高い頻度で幅広いコミュニケーションが行われる形態が望ましい。

▌(2)顔の見える医療連携ネットワーク

　本章では対等な関係における双方向的なコミュニケーションの重要性を指摘してきた。医療連携では、別の医療機関に属する人たちが共同で患者を治療していくため、医療機関内よりも多くのコミュニケーションが必要となる。それではどのようなコミュニケーション手段がよいのだろうか。

　ゲートキーパー理論を提唱したアレン(1977)によれば、外部の科学的・技術的情報を効率的に吸収していくには、口頭でのコミュニケーションが最も有効となる[3]。そのためには、連携先のメンバーと顔を合わせる機会を持つ必要があり、それをマネジメントするのが中核病院の医療連携室なのである。そこで、今一度、医療連携ネットワークに関与する医療スタッフのコミュニケーションのあり方について再考していく必要があろう。

　質の高い医療連携ネットワークの構築には、患者の治療だけに限らず、さまざまな地域の医療問題に関して、医療連携ネットワークに属するメンバー全員でワークショップ的な関係を築き、解決にあたっていくことが大切である。そうした成長過程にある医療連携ネットワークには参加を希望する医療機関が増えるため、さらに質の高い医療連携ネットワークが構築されることとなる。

---

[3]　Allen, T. J. (1977), Managing the Flow of Technology：Technology Transfer and the dissemination technological information within the R&D Organization, MIT Press(中村信夫訳『"技術の流れ"管理法』開発社，1984年).

問題 1 医療連携について、次の選択肢のうち適切なものを1つ選べ。

〔選択肢〕

①医療連携のネットワークはできるだけ閉鎖的にしたほうが、医療機関同士の関係が強まる。

②地域の中核病院とネットワークに参加する診療所との間には、はっきりとしたパワー関係が存在したほうが、患者の授受を円滑に行うことができる。

③中核病院は、地域の診療所の医師や看護師を対象とした勉強会や研修会を開くよりも、情報提供に努めるべきである。

④診療所が患者を専門的な病院に送る場合、できるだけ同じ病院に送ったほうがよい。

⑤中核病院と診療所とのコミュニケーションは、双方向的であるべきだ。

解答 1

⑤

解説 1

　医療連携は緩やかな組織間関係であることに特徴があり、メリットがある。

①×：医療連携のネットワークはできるだけ開放的にしたほうがよい

②×：中核病院と診療所との関係は対等を前提としつつ、ある程度のパワー関係を兼ね備えた形態が望ましい。

③×：中核病院と診療所とのコミュニケーション機会を増やすだけでなく、そこに参加する診療所間のコミュニケーション機会も増えるため、勉強会や研修会の開催は必要である。

④×：患者の疾患など状態により、送るべき最適な病院は異なる。

⑤○：医療連携において、送り手のほうが患者に関する情報は多いため、受け手はできるだけ情報の収集に努めたほうがよい。そして、紹介だけではなく逆紹介も当該地域における医療の質の向上には重要であるため、双方向のコミュニケーションが重要となる。

第6章

組織改革の実現に向けて考慮すべき要素

組織図の転換

1　組織図の役割

　これまで見てきたように、医療機関の組織マネジメントには考慮すべき要素が数多く存在する。経営トップはそのすべてについて考慮し、組織改革を進めていくべきであるが、そのなかでも特に考慮すべき点を4つ挙げて、本テキストのまとめとしたい。まずは組織図の転換について解説する。

　企業でも医療機関でも組織図が存在する。医療機関における一般的な組織図は理事長を一番上に描いた図表1 - 4（7ページ参照）のような組織図だろう。しかし、それとは異なる組織図を用いている医療機関も存在する。

　組織図とは、企業が事業を効果・効率的に遂行するために、組織の分業関係と権限関係、さらには部門化などの組織の骨組みとなる構造を図に表したものである（伊丹・加護野、2003）[1]。分業関係とは「組織における仕事の分担、つまり役割（職務）」であり、権限関係とは「役割の間の指揮命令関係」のことである。そして、部門化とは「ある役割同士を結びつけてグループ化する」ことである。そのような目的であるため、組織図は医療機関においても有用となる。

2　静岡県立静岡がんセンターの組織図

　静岡県立静岡がんセンターでは、患者の必要性に応じて各専門スタッフが柔軟にそれぞれの専門性を発揮できるよう、多職種によるチーム医療を実践するとともに、人事上の組織図、診療中心の組織図、病棟の患者ケア中心の組織図という3種類の組織図に基づいた運営を行っている[2]。2つの組織図を用いる医療機関は多いものの、3つとなると数少ない。

■（1）人事上の組織図

　1つ目は人事上の組織図である（図表6 - 1）。これは多くの医療機関で用いられている。

---

*1　伊丹敬之・加護野忠男（2003）『ゼミナール経営学入門』日本経済新聞社.
*2　静岡県立静岡がんセンター・ホームページ（https://www.scchr.jp/about-us/organization_list.html）

病院部門、疾病管理部門、研究部門、事務部門といったように仕事内容によって組織が細分された形態であり、**図表２-２**（13ページ参照）で見たような職能別組織に該当する。

▌（2）診療中心の組織図

２つ目は診療中心の組織図である（**図表６-２**）。各診療科に焦点を当てたもので、診療科ごとに組織が細分された形態であるため、こちらは**図表２-３**（15ページ参照）で見たような事業部制組織に該当する。

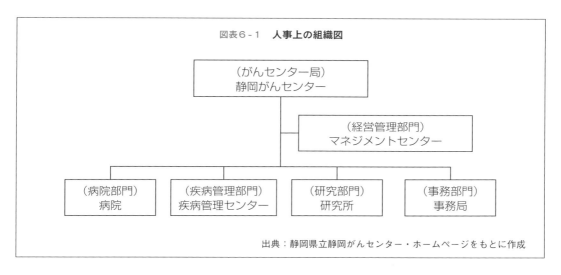

図表６-１　人事上の組織図

出典：静岡県立静岡がんセンター・ホームページをもとに作成

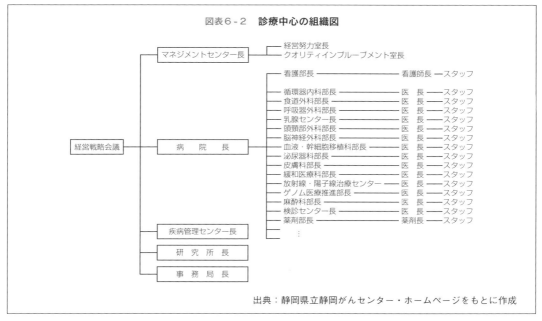

図表６-２　診療中心の組織図

出典：静岡県立静岡がんセンター・ホームページをもとに作成

　この組織図では診療部長、医長、スタッフが横並びになっているが、つい90度回転して縦の関係で見てしまいがちである。医療スタッフはこれまでの先入観があるため、そうした官僚的な関係をイメージしてしまう傾向にある。確かにトップからの情報伝達はこの図の左側から右側へ流れていく。一般的に左側に位置する役職者のほうが長い経験を有しているため、右側の人間は左側の人間から学習することが多いものの、診療や病院のマネジメントに関して意見や自分の思いを自由に言うことのできる環境であることが望ましい。

　また、事務局と独立したマネジメントセンターが存在している点が特徴的である。マネジメントセンターでは経営管理を専門的に行っている。病院組織を横断的に調整する権限を有しており、事務局は別の視点から病院のマネジメントを遂行できることになる。

（3）患者ケア中心の組織図

　3つ目は患者ケア中心の組織図である（図表6‐3）。これは主に病棟で使用される。病棟では看護師が24時間患者をケアしており、医師より看護師のほうが患者の状態をよく理解している。そのため、看護部長をトップに置くなど、看護師の位置付けが高いのが特徴的な珍しい組織図である。

　こうした組織図を有するメリットは、医師と非医師（医師以外の医療スタッフ）への動機づけを両立させることができることであろう。この組織図では、医師に権力が集中していた従来のトップダウン型から、権限移譲がなされた形態と言える。医師を診療チームのマネジメントから開放することによって、治療に専念させることができる。

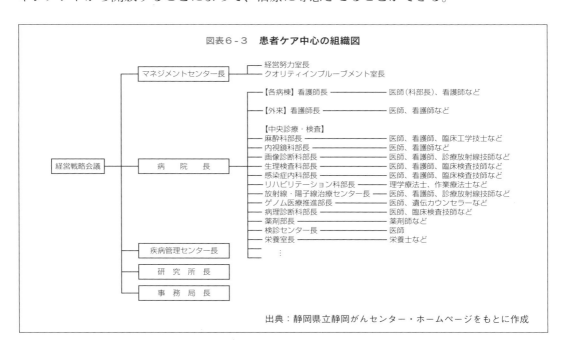

図表6‐3　患者ケア中心の組織図

出典：静岡県立静岡がんセンター・ホームページをもとに作成

　元来、多くの医師はマネジメントに関心がなく、それよりも治療に専念して患者の治癒や症状の軽減に貢献できることに喜びを感じる。医師は「医師」という職業に対するコミットメントが強いため、医師の満足度は高まる可能性がある。

　一方、医師以外の医療スタッフは、チームがフラット化され、自分の意見を言う機会が与えられることによって、仕事や病院組織への満足度が高まる。マネジメント役を担っている看護部長や看護師長を目の前で見ることによって、看護師は自分もそのようになりたいという目標ができ、自己啓発に努めることが可能となる。つまり、医師を尊重しつつも、非医師の地位向上を図ることにより、医師と非医師への動機づけがともに可能となる組織体系と言える。

　反対にデメリットを挙げるとすれば、看護師にマネジメント教育がなされていないと、うまく機能しないことである。権限移譲により、特に看護師の権限が高くなっているため、看護師長はチームのマネジメントを行わなければならないが、看護師はマネジメントに関する教育をまったく受けていないことも多い。そのため、看護師のマネジメント能力の向上が、この組織図を用いる際の経営上の課題として挙げられよう。

　なお、これらの組織図はホームページにおいて容易に見ることができる。

② ワークショップ型の組織体系

1　組織のフラット化がもたらすメリット

　本テキストではトップダウン型組織ではなく、チーム医療型の組織を推奨してきた。チーム医療のメリットは、ワークショップのような形をとり、全員が意見を出し合えることにある。そのため、組織形態がフラットとなる。組織がフラット化されると、メンバーは意見を出しやすくなるため、治療への参加意識が強まる。また、自分の意見に責任を持つため、高度な姿勢で仕事に取り組むこととなる。さらには、あやふやな状態では意見を言えないため、しっかりと患者に向き合ったり、勉強して知識を身につけることとなる。

　また、相互評価を行うことによって、より高いレベルへと自分自身を導くようになることが挙げられる。フラット化されたチーム形態では、チーム・メンバーの能力や勤務姿勢の相互評価が可能となる。相互に監視し合うモニタリング機能が働くと、個々のメンバーが高い能力や良好な姿勢でチームに貢献することとなる。結果として、相乗効果が働き、チーム全体のレベルアップを図ることができ、メンバーの満足度向上につながっていく。

　患者にとってもフラットなチーム医療はメリットが大きい。患者に情報が伝達される際、トップダウン型の医療機関では、**図表2 - 9**(24ページ参照)における車輪型のように、各スタッフが持つ情報がいったん医師に集められたあと、主治医である医師から患者に伝達される。よって患者は主治医としかコミュニケーション手段を持つことができない。

　一方、フラットなチーム医療では**図表2 - 9**における自由型の中央に患者が置かれるため、患者はどのスタッフともコミュニケーション手段を持つことができ、もっとも詳しいスタッフと直接自由なコミュニケーションをとることができる。

2　ワークショップ型が機能するケース

　しかし、このワークショップ型のチーム医療はどのような治療に対しても当てはまるものではない。単純な治療の場合、クリニカルパスに定められているプロセス通りに治療を進めていけばよいため、議論の余地は少ない。一方、がん治療においては決まった治療法が定まっていない場合が多く、いくつかの治療法のなかから最適と考えられるものを選択していく。そうした際に、ワークショップ型のチーム医療が機能していくと言える。

③ 医師のマネジメント

1 医師の賛同をどのようにして得るか

　医療機関においては、やはり医師が重要な役割を果たすことは変わりない。そのため、医師をどうマネジメントしていくかが課題となる。

　病院内で、医師を中心としたトップダウン型からワークショップ型へ組織体系を移行したいと提案したとき、医師から強い反発が起きる可能性は高い。医療機関のマネジメントは、「医師をどうマネジメントしていくか」、言い換えれば「新しい組織改革を医師にどう受け入れさせるか」ということでもある。その際に必要なのはバランスである。ワークショップ型を受け入れてもらう代わりに、医師に何らかの好条件を与えて満足度を高めていかなければならない。具体的な方法としては、自由度のある勤務体系や最新の医療機器・設備の導入など、職場環境を整えていくことが考えられる。

2 医師の満足度を高める方法

（1）自由度のある勤務体系

　1つ目は自由度のある勤務体系である。子供を持つ医師なら、早い時間に帰宅したいかもしれないし、産休などの制度もほしい。各医師と面談し、要望を聞くとよいだろう。

　こうした勤務体系は、女性だけでなく男性においても必要である。さらに、医師だけでなく、女性比率が高い看護師ではなおさらであり、メディカルスタッフ、事務職員なども同様である。

　近年、働き方改革やダイバーシティマネジメント、健康経営などが問われている。いずれも労働者の多様化への対応や生産性の向上に向けた取り組みであり、絶対的な正解は存在しない。重要なのは、医療機関に勤務する医療スタッフに向き合うことであり、彼ら彼女らのQOLを高めることである。患者のQOL向上に努める医療スタッフのQOLが高まっていなければ、質の高い医療を提供することはできない。そのため、経営陣は医療スタッフが望む働き方を、直接尋ねることが重要であり、出てきた要望に沿うためにはどうしたらよいのかを組織的に検討することが大切である。

▍(2)最新の医療機器や設備の導入

　2つ目は最新の医療機器や設備の導入である。多くの医師は最新の医療技術に高い関心を持っており、自分でも使ってみたいと思っているからである。より高いレベルの治療を行うために、検査の精度を高めたい、検査の幅を広めたいと思うのは当然のことと言える。

　しかし、最新の医療機器や設備の導入には多額のコストを伴う。最新のCTやMRIなどは、古くて安いものと比べると10倍のコストがかかることもある。診療報酬はどの機器を用いても同一であるため、最新機器の導入は医療機関の収益構造を圧迫してしまう。そのため、導入による医療技術の向上、ひいては医師の満足度向上の効果と投資とのバランスに目を向けなければならない。医療は設置産業とも言え、できる限りの機器の設置が必要であるため、長期的な視野で計画を立てるべきであろう。

▍(3)余分な業務や雑用をさせない

　3つ目は医師に余分な業務や雑用仕事をさせないようにすることである。治療への弊害や制限を嫌う医師が多く、そうした制限を取り除いてやれば、目一杯手術ができたり、患者に会えたりと、医師の満足度は高まる。

　また、最新の知識を学習する時間も確保できる。研究論文を作成したい医師は研究に時間をかけることもできる。治療にかける情熱や職場環境に対する満足度が高まっていき、その結果、症例数が増加して、医療の質向上にもつながっていく。

　医療においては、医師に重要な業務が集中し、医師の負担が重くなる傾向にある。これは精神的にも労働時間の面でも望ましいことではない。そのための打開策として、タスクシフトやタスクシェアが注目されている。

　タスクシフトとは、医師の仕事の一部を看護師など他の職種に任せることであり（業務の移管）、タスクシェアとは、医師の仕事を複数の職種で分け合うことである（業務の共同化）。これは医療機関の努力だけでは限界があるため、医療行為についての法改正などを待たなければならない。これらは厚生労働省の検討会で議論されているが、自らの病院内で可能なタスクシフトやタスクシェアについて検討することが望ましいであろう。

4 医師以外の職員のマネジメント

1 医師以外の職員への動機づけ

　医療機関が医師だけに配慮すると、他の職員の不満が高まるのは言うまでもない。医療機関には多種の専門職スタッフが混在しており、それぞれが自らの仕事や資格にプライドを持っている。自らの職種に対するコミットメントが高いため、すべての職種に配慮していかなければならない。

　治療においては、医師以外の医療スタッフが行う割合が高いため、彼ら彼女らのバックアップが必要であり、動機づけを付与していくことが不可欠である。

　まず、経営者は看護師やメディカルスタッフ、事務職員との話し合いの機会を多く持たなければならない。ただし、コミュニケーションをとることも重要だが、それ以上に、経営者が医療機関の現状を伝え、ともに考えて互いの問題解決を図る姿勢を保つことがより重要である。

2 活躍の場をつくる

　医療スタッフは仕事への使命感が強いため、それらを達成しやすい環境を整備してやるとよい。彼ら彼女らは、自分たちが医師をバックアップすることの必要性は認識しているため、そのバックアップの勤務姿勢に対する評価システムを経営サイドは構築すべきである。その評価は何も金銭面の報酬に限らない。「活躍の場」を与えてやることのほうが重要である。それにより、彼ら彼女らのやりがいが持続でき、より高いモチベーションの維持をもたらすこととなる。

　そして、業務の前提がすべて患者志向にあることを伝え、それに基づいて日々の業務に努めてもらう必要がある。なぜなら、特に看護師は患者と接する機会が多く、患者との信頼関係を構築する機会が多いからである。患者から信頼を得て、患者から感謝の言葉をかけてもらったとき、スタッフの満足度は飛躍的に向上していくからである。

問題
1

医師と医師以外の職員のマネジメントについて、次の選択肢のうち適切なものを1つ選べ。

〔選択肢〕

①医師にはできるだけ雑用仕事をさせないにする配慮が必要である。

②すべての職員を平等にするため、医師にも均等に雑用仕事を割り当てるべきである。

③医師をバックアップする看護師の報酬は、できるだけ高くするべきである。

④理事長や病院長は、職員にその病院の現状をあまり話さないほうがよい。

⑤職員の満足度を高めることが最優先であるため、患者についてはそのあとに考えるべきである。

解答
1

①

解説
1

　医師と医師以外の職員を同時にマネジメントしていくことは難しいが、組織管理において最重要課題である。

①〇：治療への弊害や制限を嫌う医師は多く、そうした制限を取り除いてやれば、医師は手術や治療において患者と向き合う時間が増えるため、満足度が高まる。

②×：医師には治療に専念してもらい、満足度を高めることが望ましい。

③×：高い報酬のほうが職員の満足度が高まるのは言うまでもないが、医療機関の経費が膨らんでしまうため、報酬面以外の点から、やりがいを高めていくほうが望ましい。1つの方策として、自己啓発の機会を提供することが考えられる。

④×：理事長や病院長は、医療機関の現状を伝え、ともに考えて問題解決を図る姿勢を示すことが重要である。

⑤×：職員の満足度を高めることは重要だが、患者の満足度を高めることも重要である。職員にはすべての業務が患者志向であることを伝える必要がある。

おわりに

　本書では、医療機関の組織マネジメントについて解説してきた。組織は一貫性を持たせる必要があり、また常に変革をしていく必要がある。一見矛盾するようだが、「患者志向」や「医療の質向上」といった医療の根幹に当たる部分に対しては一貫させ、その具体的な方策については変革していけばよい。

　そして、組織の変革は、病院経営が順調なときに行っていくべきである。順調なときは組織を変革する意識が薄れてしまうが、変革により、組織内にある程度の緊張感を持続させていく必要がある。緊張のない慣れ合いの組織は徐々に堕落に向かってしまい、気づいたときには組織変革が不可能となってしまう。

　また、経営を行っていく際、組織の整備が先か戦略の構築が先かといった議論が存在するものの、両方を並行させて考えていく必要がある。組織がしっかりしていなければどのような戦略を立ててもうまくいくわけはなく、その意味では組織が先だろう。しかし、それぞれを分離して考えてはチグハグな組織と戦略となってしまうので、同時並行的に組織と戦略を考えていきたい。

　「はじめに」において、「病院は特殊ですから」という理事長や事務長の発言を紹介した。本書を読んで読者はどのように感じられただろうか。本書では、企業の理論や事例を多く取り入れた。それらから何か学ぶことがあっただろうか。それとも、やはり病院は特殊だと思っただろうか。

　経営学やマーケティングの学問分野は、営利企業から非営利組織へと対象が拡大されているが、依然、病院が対象とされることは少ない。その意味で特殊であり、経営学やマーケティングの研究者からすれば、病院は扱いづらい対象なのかもしれない。

　経営学の理論はそのまま医療機関で当てはまるものもあれば、一工夫して応用することができるものもあると思われる。どのようにしたら応用できるのだろうかと考えることで、読者は医療経営士として医療機関の経営課題に直面できるのだと思う。その結果、医療機関内で何らかの改善がなされ、医療機関の組織力が向上し、医療の質も向上していく。さらには、そうした積み重ねが日本の経済や社会の質を向上させていくだろう。

　日本のこれからを担う医療経営士の方々が病院組織のマネジメントに関する知識を習得するために、あるいは問題解決を図るために、本書がわずかでも役に立つことができれば幸いである。

冨田　健司

索　引

著者紹介

冨田　健司（とみたけんじ）

同志社大学商学部教授。愛知県生まれ。1994年、一橋大学商学部卒業、東海銀行（現・三菱UFJ銀行）に勤め、一橋大学大学院商学研究科修士課程修了、東京大学大学院総合文化研究科博士課程修了（博士［学術］）。98年、公益財団法人医療科学研究所研究員、2000年、早稲田大学ビジネススクール助手、02年、静岡大学人文学部経済学科専任講師、04年、助教授。コロンビア大学客員研究員、ボストン大学客員研究員等を経て、08年、同志社大学商学部准教授。13年より現職。18年から20年までブリティッシュコロンビア大学客員教授。

NOTE

医療経営士●中級【一般講座】テキスト5［第2版］

組織管理／組織改革——改革こそが経営だ！

2021年8月20日　第2版第1刷発行

著　　　者　冨田　健司
発 行 人　林　　諄
発 行 所　株式会社 日本医療企画
　　　　　　〒104-0032　東京都中央区八丁堀3−20−5　S-GATE八丁堀
　　　　　　TEL 03-3553-2861（代）　　http://www.jmp.co.jp
　　　　　　「医療経営士」専用ページ　http://www.jmp.co.jp/mm/
印　刷　所　図書印刷 株式会社

『医療経営士テキストシリーズ』全40巻

※タイトル等は一部予告なく変更する可能性がございます。